★ *lifestyle* ｜ 时尚生活

卡内基36堂亲子情商课

成就孩子

给孩子一个高情商

陈真 赵卜成◎著

中信出版社

CHINA CITIC PRESS

目录

亲子关系的"变革"

陈　真　赵卜成

现代的父母在教导青少年孩子时，常常怀着挫折感，而青少年子女与父母沟通时却又常常带着压力，因为他们不知道如何与父母沟通，说清楚他们的想法。

这些状况已成为现代父母在教养孩子时的一项挑战。当孩子进入青春期后，许多父母以"逆反"这顶大帽子将教养孩子的方式予以标签化。也有很多父母甚至手足无措，不知如何是好。我在卡内基训练担任教学工作已经23年，我发现许多父母亲在面对青少年的青春期时，不能以"变革"的理念去引领及影响正处于"变革"中的青少年。

自从孩子出生后，孩子与父母的关系经历着各种不同形式的变革，在孩子出生的头一年内，孩子必须完全仰赖父母的爱与照顾使他们生存及成长，可是一旦孩子学会走路和说话时，他们开始有了自己的思想，他们开始到处行走，他们知道察言观色，他们知道在什么场合说什么或做什么可以产生对他最有利的结果。我同事的女儿才两岁，有一天他回到家后，女儿对他说，她想吃奶酪，可是女儿有点过重，作为父亲的他必须坚持，他告诉女儿："你不能吃奶酪"。女儿说："我真的很想吃嘛。"父亲说："如果你真的很想，我可以给你吃一块奶酪，但是从今天以后，我不会给你买任何一块奶酪。"女儿开始改变沟通方式，带着央求说："我真的很想吃奶酪啊！"女儿用情绪去影响父亲的决定，父亲还是很坚持原来的观点，女儿说："爸爸，要不我们拿出奶酪，你吃一口，我吃一口，好不好？"两岁的女儿已经开始知道怎么样发挥沟通协商的影响力。她已经脱离了襁褓时代只依靠父母哺育的生存方式，随着孩子的成长，她的思考也越来越复杂，越丰富。有一次，我在协和医院听到这样的对话，一位4岁的女儿告诉她妈妈："我觉得这个家很烦，我越来越不喜欢这个家。"母亲说："既然你不喜欢，你为什么不搬出去住呢？"女儿说："我就是不喜欢。"4岁的女儿已经开始有她的主见，父母开始感受到跟4岁的孩子沟通与对两岁孩子的沟通方式已有所不同。

到了小学阶段，孩子更有主见、要求更多，父母的影响力限于放学后的家庭生活，更无法像以前一样，有着说了就完全算数的威严。有一位在企业工作的经理人，受邀参加同事的婚礼，他与夫人想带孩子一起去，可是这个孩子非常内向，抵死不从，她说："我不要去"。可是他们又不放心把孩子留在家里。最后几经协商，接受了孩子的说法："我可以去，可是我不要和大人打招呼。"父母在无奈的状况下同意了。到了青春期，孩子们成长得更快，他们的生理发展已经趋近或达到成年人的状态，可是心灵阅历及经验却仍生涩不足，与生理发展产生了矛盾。这时的青少年喜欢的是海阔天空的幻想，阅读浪漫的小说，或冒险的故事。他们与朋友的关系更亲密，他们有时会盲动，认为倒霉的事不会发生在他们身上。因此有些青春期的孩子，在无知的状况下会犯下不能原谅或后悔莫及的错误。在这个阶段中父母对孩子的影响力又比从前更衰退了。

有一对父母不同意孩子对其就读学校的评论，因为孩子的看法很负面很极端，父母很不满意，斥责了孩子一顿。当天晚上孩子没有回家而且音讯全无，他们急得到处寻找，夫妻到了晚上11点才发现孩子自己已买了机票，回到南方爷爷家去了。孩子知道坐飞机需要身份证件，也知道如何从存款卡里面提取现金买机票。这些都在显示，父母的影响力变得更为微弱。等到孩子读完大学就业后，父母对孩子的影响力只有日趋弱化。当孩子结婚成家后他们也成为父母，此时他们的父母的年龄已进入50，成年子女对父母的影响力开始增强，随着岁月的推移，父母亲离岗退休。父母与外在世界的接触开始减弱，这时成年子女对父母的影响力则更增强了。父母亲进入高龄后，他们的生理机制自然退化及弱化，他们更需要成年孩子的关切或照顾。成年子女对父母的影响力也就越来越大，甚至有些父母的生活起居都需要依靠子女了。

处在这样一个孩子与父母关系不断变动的曲线上，父母亲需提醒自己：他们与孩子的关系是"变革"的关系，他们需不断地调适自我，用不同的方式教导小孩。在辅导青春期的孩子时，父母应该以尊重为主，将他们视为有独立思想的个体，他们"已"是成年人，父母需以对待成年人的心态与他们互动，同时在这个阶段上，父母更需以尊重的方式，建立与孩子良好的沟通方式，使青春期的孩子在面对问题时，能够找到有阅历及经验的父母给予有价值的辅导，而不是动辄去问道于没有阅历的朋友们。

这本书是陈真女士和我在20多年来教导青少年的实地体验，我们总结了卡内基的有效教导方式，如何使青少年朋友们从自信、自励到自我管理，早日养成成功人士的高情商与成功习惯，我们相信这本书会使父母教导青少年时更给力。

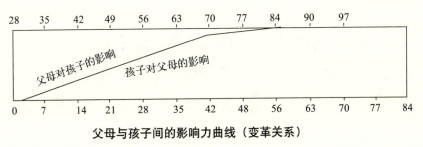

父母与孩子间的影响力曲线（变革关系）

依据作者个人的观察，父母与孩子间的影响力，以孩子在大约25岁时达到平衡点。

此时孩子在就业后，经济独立，工作上的专业，父母多半无法给予建议或指导，父母对孩子的影响力逐渐减少。

运用卡内基方式培育杰出子女

李开复

数年前，我和两位作者相识，而陈真女士也一直坚持在我创办的"我学网"上为年轻朋友指点迷津，担任着成长顾问的角色。

我对"卡内基训练"以人为本的理念一向持支持态度，"卡内基训练"重视正向态度，借由热忱，提升沟通与人际关系的品质，帮助学习者活出最好的自己。他们的很多理念和我对年轻人的成长建议是一致的。

最近他们告诉我一个通过正向引导方式处理青少年问题的案例：两位男同学在教室嬉戏时，一位同学把另一位推撞到墙壁，撞出一个大洞，损坏严重。"卡内基训练"北京办公室的工作人员打电话给学员家长，告知他的孩子在教室里损坏墙壁的事情，工作人员要求这位同学担负所犯错误的责任，并建议由该同学的父母督促其在家劳动3天。家长非常支持"卡内基训练"北京办公室的建议。于是，这位同学生平第一次认真地在家打扫卫生，完成3天的家务。"卡内基训练"责成青少年勇于担负责任的良性做法，就是一种很好的教导方式。

陈真和赵卜成两位"卡内基训练"资深老师结合自己的经验，共同撰写这本有关"父母如何运用卡内基方式培育杰出子女"的书，是件很有意义的事。我相信这本书将对国内的父母有更好的启发，希望父母们阅读后，能够学习借鉴到很多方法，帮助中国的孩子成长为勇于负责的高情商年轻人。

好家长不是天生的

北京师范大学第二附属中学副校长　申敬红

有幸能在新书出版之前读到陈真老师的书稿，获益良多，也希望借此机会与父母们分享我的阅读感受：

毋庸置疑，这是一个重要的话题。20多年的教师、10多年的家长，两种身份都时时让我体会家庭教育的重要性。相信你和我一样，在认同家庭教育重要性的同时，也认同家长很难当，难在有时无法与孩子沟通、难在有时不知孩子所想、难在教育效果欠佳，难在无法理性思考家长的责任等等。

难解的问题，本书却能够引领父母以全新的角度来审视。好家长不是天生的，需要我们后天的修炼。本书的第一章就首先从塑造家长自信开始谈起，建议家长明确自己的优点，更要接纳自身的缺点，以不批评、不责备、不抱怨的积极态度，和更坚定的信心引导孩子健康地成长。

这是一本值得每一位家长细读的，有营养的好书。这其中有积极的人生态度，有家庭教育的好建议和好方法，有帮助自己和孩子成长的妙策良方。

成长路上亲子并行

台湾师范大学心理辅导博士、台湾辅仁大学社工系教授　郑玉英

　　读着这本亲子沟通书，打心底感动着。一方面，同意书中的见解，一方面，由字里行间见出陈真这位多年挚友的身影。打从17岁开始的记忆全都一股脑地回来了。

　　那时，我们都初中毕业，我来自台湾北端基隆雨港，陈真长在台湾中部温暖小镇，那年盛夏，我们带着忐忑又兴奋的心情同时踏进台北都会，住在同一寝室内。我们有缘，不但同学而且是室友，开始了3年的朝夕相处。在一起分享了首次的独立与想家的酸苦。是的，她正如文中所描述细细高高、足踏厚重飞机皮底鞋、深度近视眼镜、耳上一公分的学生头，用发夹硬生生压住天生蓬松的头发，掩饰了一切美丽，超级爽朗地大声笑

着……我们见证了彼此的青春、青涩与成长。诚如意大利雕刻家米开朗基罗说："凿开大理石，让天使飞出来。"岁月与生命历练凿开了陈真这块美玉佳石，本书作者展现的是成熟温润的智慧与优雅的魅力。

这形成了本书的特色，作者真诚坦率地分享自己成长过程中的点滴，和养育一双儿女的经验，加上卡内基的金科玉律，使得本书站在众多亲子书中如同鹤立鸡群，独一无二。这是一位成熟女性的著作，不是乍出茅庐的学者，文中没有抽象的理论，全是合乎社会时代实情，脚踏实地走出来的原理原则。

是的，每一个人的生命都应该如此，造就身边人，留下美好回忆。尤其父母留下给孩子的，将在他们身上影响深远且代代相传。而时代变迁迅速，我们由上一代学来的早已不实用，必须不断学习。亲情，是本能正确的养育，却需要重新学习。

活在这时代，眼见经济起飞、竞争激烈、电子网络的惊人传播、全球化的趋势。当青少年无可避免地经历电子虚拟世界时，更需要的是真实的人际智慧、情绪智商、自信心、责任感和精神层面的价值。最近地球暖化，一个接一个的天灾发生更提醒着我们，下一代需要具备悲悯之心和储备应付挫折苦难的能力。

这一切要等学校教育稍微嫌迟，必须由家庭着手，从父母做起。

在这条亲子并行成长的路上，我们不要闭门造车，却要以开放心胸与人分享，不要忽略美好的金科玉律，更要身体力行，实践出来。我相信手上这本书将极有参考价值，也将借此书内容与同道朋友交谈分享而有更多斩获。特此为文作序，并为老友新书出版致贺，为读者祝福。

关于独生子女这件事

我成长于20世纪60年代的台湾，那时不像80年代后的大陆，绝大多数家庭都只有一个孩子，独生子女当时在台湾是绝对的少数。左邻右舍的孩子无不三五成群，即使打骂哭闹似乎都充满了生气。我们家却总是安安静静的，好像少了点儿什么。父母结婚多年未能生育，爸爸已经三十几了，好不容易盼来了第一个孩子，当然希望是男孩。虽然我的性别和他们的期望不符，不过有一就有二，以后还是有希望再生男孩的。想不到的是，我还未满周岁，妈妈就怀了第二胎，但是当时生活条件不好，她的健康状况又差，在第五个月时流产了，那胎儿已经能看出是个男婴。遗憾的是，从此妈妈未能再受孕。所以，我就"被独生"了。

综合我作为独生女的经验，独生孩子有下面几个特点：

1. 活在强力聚光灯下

虽然当时家中只有父母两个大人，并没有其他长辈，但是，二比一我仍是少数。这表示你的一言一行，几乎完全在父母的关注下，无所遁形。当然这是因为父母实在太呵护了。可是当时我只觉得动辄得咎，耳边总是听到："站没站相，坐没坐相"，吃饭时忽然会有人说："你指甲太脏，叫你坐直，不要弯腰驼背，好好吃饭！"说着饭碗里开始堆满了菜肴，连米饭都看不见了，也不知从何时开始，吃饭成了苦差事，不记得有过饥饿的感觉，可能没来得及吧！我总是坐在那儿，无奈地拨弄着饭菜，大人看了哪能不烦恼，总是怕我生病了，越催促越是吃不下去。终于他们等不及先离桌了。我挑出碗内绝对无法下咽的肥肉丝，趁他们不注意时丢到窗外院子里，更小的话，直接塞进桌边的缝隙里，希望不要被妈妈发现。

由于担心我受伤，一直到小学二年级，我连剪刀都不会用，也不知道如何使用煤油炉。妈妈每天一早起床做早餐，甚至连牙膏都帮我挤好。可是，我睡眼惺忪一根一根地数着面条，咀嚼半天也吃不完早点，眼看就要上学迟到了，妈妈只好放我出门上学去，又担心待会儿我会肚子饿，便在我书包中塞进一个面包。我一出家门，犹如出笼的小鸟，快乐地到学校找小朋友玩，上课时常常跟左右同学说话，以致老师帮我换了许多次同桌。即使是男生，我也不放过跟他说话的机会。下课铃响，我就立刻冲到操场疯玩，放学回家时忽然想起书包中原封未动的面包，为避免挨骂，把它丢过篱笆给隔壁的鸡吃，没想到邻居的鸡居然不识货，不肯吃，害得我后来东窗事发，免不了受一顿指责。现在回想起来，我们的亲子关系十分紧张，只是当时谁也没听说过亲子关系这门学问。

　　凡事都有两面，独生孩子享有足够的关注，从来不需要与他人争宠，也不需要特别做什么来争取父母的关心，因此，独生孩子常有不计较、少用心计的单纯个性。按照我个人的经验，也从不玩办公室政治，我觉得这样更容易交到好朋友，这也算是一种优点吧！

2. 肩负父母巨大的期望

　　妈妈常说："我可没有把你当女孩养！"这表示他们期望我像男孩一样光宗耀祖，可是我终究不是男孩，渐渐长大后，妈妈也没有免除我做家务的女孩本分，可是手脚不灵活的我，常常令她不满意，觉得我笨手笨脚的。功课好更是中国父母最基本的期望，终究在那个年头，只有知识可以改变命运，从小我就感受到成绩的重要性，成绩好你就配得到父母的好言好语，成绩差则可能几天都看不到好脸色。在缺乏亲子缓冲的家庭气氛中，成绩这件事确实是十分沉重的。父亲学的是化工，自然期望我念理工科，可是初中一接触化学，我就无法进入状态，可感受到他的期盼以及他平时的威严，我又不敢问问题，化学成绩不能见人，注定要令他失望了。当时念个好成绩、做个好学生不为别的，就只是因为父母期望你如此。如果问我真正喜欢什么、想做什么、成为怎样的人，不但当时我无法回答，就是到了中年都还意识模糊。我真的活到很大年纪，才知道对自己的期望是什么。如果一个人对自己的期望，刚好能够满足于父母对他的期望，那就好办了。万一不能满足，就必须花费极大的心力，去探索这个重要的人生问题。

3. 过早被推入成人世界

与许多人想象的不同，独生子女虽有些被宠坏了的小毛病，但是，心理研究证明他们往往成为相当负责任的成人。独生子女独占父母全部的注意，不需要与其他的手足争取父母的爱，也就习惯比较自我。结婚后，我发现自己需要的个人领地范围比较大，在我自己的空间中，不喜欢秩序被打乱，也不习惯分享空间或用品。吃东西时习惯吃最好的，而且很有安全感地把最喜欢的食物留到最后吃，从不担心可能被人抢了去。另一方面，我又惯于察言观色，希望能取悦父母，让他们感到满意。因此，对于他人的情绪反应也十分敏感。说来矛盾，在过度的呵护下，独生子女还是不能予取予求，也还是无法忽视父母充满期许的眼光，就算有时情愿他们不要如此高度期望，但是，内心深处，我们还是要求自己活出父母的期许。正因为如此，独生子女有时不免感到生命中不可承受之"重"。加上我的父亲早逝，在我16岁时他抛下我们母女俩，死于肺癌。失去叛逆机会的我，加上原来的早熟与独生女负责任的个性，没有异议地承担起家中支柱的角色。

我自己这一生保持着童心未泯，也许就是因为太早被迫脱离童年所产生的逆转现象吧！人生中的事并无绝对的好坏，身为独生女也是如此吧！

4. 处理人际关系占劣势

由于家中缺少平辈，我甚至没有表／堂兄弟姐妹，在人际互动上过分地简单化，成天面对的只有父母。在我成长的20世纪六七十年代，台湾还是采行比较传统权威的教养与教育方式，除了做一个品行良好听话服从的乖宝宝之外，似乎没有其他的选择。也就是说，我在与人互动的能力上缺少练习的机会。

近日我看到一篇文章，提到一位母亲，她听到4岁的儿子跟自己说"妈妈，我觉得孤独！"时吓了一大跳。我倒是与那个小男孩心有戚戚焉，只是当我4岁时，还没有现代小孩的这种语言表达能力，甚至说不出自己的这种感觉。

上学是唯一能与同龄人接触的机会，非常渴求友谊的我，有时做出非常愚蠢的举动，包括过于讨好别人，甚至不惜把自己的玩具送给朋友，在那个物资缺乏的年代，父母非常不谅解这种败家行为。我这一辈子，最重视情感，其他的一切，对我而言都不过是身外之物罢了。这对我的影响是终身的，甚至影响到择偶、结婚成家，真正能够伤害我的也只有感情而已。过于简单的家中人际互动，减少了培养这方面能力的机会，却是个不争的事实。

5. 对异性的认识较少

在我的成长岁月中，只有父亲一位异性，他的形象又较为不苟言笑，因此从我懂事后就有点怕他。他的期许成为我沉重的负担，儿时的撒娇耍赖早已收敛。母亲当年是父亲努力追求自由恋爱成婚的，因此，家中生气发脾气的总是母亲，轮不到我来耍小姐脾气，很多人都以为独生女娇生惯养，其实不见得。父亲是我生命中第一位重要的异性，我常下意识地想讨他的欢心。有一阵客厅里总笼罩着一股子难闻的气味，连着好几天都没有散去，甚至还变本加厉了。一天下午父亲决定好好找出这个臭味的来源，于是他检查了每个角落，终于找到臭味是来自沙发底下，这时他需要有人帮他把沙发翻转过来，母亲却早已躲到院子里去了。当时念小六的我，自告奋勇地帮爸爸把沙发翻转过来，果不其然发现有一只死耗子在沙发弹簧间。父亲设法将它取出丢弃后，母亲才从院子进屋来，问道："你们怎么不觉得臭啊？"

在家中没有与异性接触互动的机会，使得我面对异性异常羞怯尴尬，发育期间我很快就长得比同龄女孩都高，更增加了自惭形秽见不得人的奇怪心态，见到其他男孩更是害羞不自然，连正眼都不敢看一下，完全没有应对能力。这个问题一直如影随形无法改善，而且我们初中就开始男女分校，又完全剥夺了接触、了解异性的机会。以前总是为自己的外表自卑，因为从小近视，到了小四已经戴上400度的近视眼镜，到了初中已升到800度，当时光学科技不发达，人人戏称高度近视眼镜为酒瓶底，我当时就是带着酒瓶底眼镜的四眼田鸡，加上牙床过小，牙齿长不整齐，当时也不流行戴牙套整牙，实在很像搞笑电影中的丑女。父母对我的期望很高，当然不希望我过早交异性朋友，因此，特意不打扮我，丑点儿倒还省心些。对于外表的自卑感，深信自己不讨人喜欢，一直到上大学，都深深地影响了我结交异性朋友的能力。

　　多年前与高中朋友聚会，大家都已经是有儿有女的中年人了，谈起当年自己的青春期，不胜唏嘘。少女的心，敏感脆弱，有时觉得自己长大了，什么都可以自己搞定；有时候又很想向父母撒娇耍赖；有时候什么都不要父母过问，有时候又气父母什么都不管。朋友说她很早就丧母，虽有后妈，但是关系不好，当她第一次来月经时，吓得哭了好久，却没有人可以求助，生怕自己会流血而死。想想自己当年真的会为了小说情节而感动得情绪起伏好几天，"山东馒头"（英文 Sentimental 的谐音，意指多愁善感）得一塌糊涂。等我们做了父母，就忘了其实青春期大家过得并不轻松。有个朋友甚至说："只要熬得过青春期，就可以挺得过一辈子。"

　　身为独生女的我，深切地了解独生子女成长过程中的酸甜苦辣。

　　养育了一对儿女的为母经验，也让我能换一个角度来审视亲子之间的关系。

　　但是，更重要的还是因为来到北京从事卡内基训练工作10年内，接触了许许多多在教养方面十分困惑的父母，同时也因为开设青少年情商班，而直接认识了90年代后的独生子女，再次得以从亲子双方面，去了解国内这个独特的亲子问题。其实亲子双方的困惑，有许多都是可以避免的，也有许多是很可以改善的。

　　而改善的钥匙就在我们的手上！

　　这本书是由我自己身为独生女的角色出发，再从母亲的角度回顾亲子关系，融合卡内基的有效理论与方法所完成的教战手册，目的在于能让读者采取相应的具体行动，来改善自己身为家长的态度与能力，以期在面对家中唯一的宝贝时，能够发挥自己更大的影响力，并能够为原有的困惑找到满意的解答。

　　衷心地希望这本书，能帮助亲子双方克服青少年期的各种挑战。挑战，是经过伪装了的机会，而充分掌握这些机会，就会建立起更为亲密长久的亲子关系，在唯一一次亲子旅途上，更为轻松愉快地携手同行！

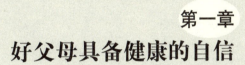

第一章
好父母具备健康的自信

　　我的女儿曾经这么说过："你生我，养我，可是却像朋友一般对待我！"她似乎觉得由于生育之恩，我理应高高在上，不容置疑。可是我自己愿意从神坛走下来，因为，我不要那种距离。如果人生是一趟火车旅行，作为父母，我们早了几站登车，孩子晚几站上车，有缘身处同一个车厢，甚至比邻而坐，对于生命中掠过的种种景象，可以一路互动交流，对我来说，就是最为美妙的经历了。

✿ 不批评，不责备，不抱怨——父母自信的特征

> 爱抱怨的人，其实也不是真的爱抱怨，而是因为本身无力掌控局势，对于自己没有足够的成熟与自信，所以总是用负面的态度观看这个世界与周围的人。

一看到这个标题，相信很多家长的直接反应就是：怎么可能？那还要不要教育孩子了？其实，批评、责备、抱怨是每个人都自然会做的事，就像天生的一样。但是，仔细回想起来，就会发现这三种行为所带来的功效其实很差，反倒常常造成许多的不快与误解。因此，批评责备都需要有方法与技巧，至于抱怨，那就免了吧！这么多年来，我发现抱怨除了坏事外，还真看不出它对人际关系产生过什么积极的意义。

我有理由这么说，因为我自己就是在批评、责备、抱怨中长大的。我母亲的健康状况不佳，父亲经常出差在外，家中只有我们母女两人，不但冷清而且没有安全感。父母在1947年因为工作原因到了台湾，家中亲人全部都在家乡，我们在台湾没有任何亲戚，他们又只得我一个女儿。一家

三口就这样单薄地生活着。

在从事卡内基培训工作多年以后，我才发觉爱抱怨的人，其实也不是真的爱抱怨，而是因为本身无力掌控局势，对于自己没有足够的成熟与自信，所以总是用负面的态度观看这个世界与周围的人。母亲对诸事的不满，恰恰反映出她内心深处对自己的不满。关键其实在于其不自觉，她如果对自己能有更深入地了解，并且愿意采取行动改善，其实是大有可为的。不过在她那个年代，自我改善以及辅导培训都尤为欠缺。因此，她也就成了自己抱怨的受害者。

1. 不批评

戴尔·卡内基把这一点列为金科玉律三十条原则的第一条第一点，是有原因的。因为绝大多数的消极批评都是无效的，只能伤害相互间的感情，破坏人际关系的建立。然而，积极建设性、有意义的批评是必要的，并且是领导力的一种技巧，以后我们会谈到如何有效地提出批评。

国内有一位卡内基"青少年情商与领导力训练班"的学员，课后回来分享道："以前吃完晚饭，我想看会儿电视，每次看不了多久，爸爸就要说：'快去做功课，就知道看电视！'我总是觉得很烦，有时候不理他继续看，心情不好时干脆顶回去：'我现在愿意看！'爸爸其实也没辙，我还不是看到自己觉得爽了，才自己回房去做功课。"其实，这位爸爸的做法，是我们每一个做父母的人，都常常会犯的毛病。我们随意地提出批评，至于对方接不接受，我们也没有好办法。有时候，因为没有效，所以，更是反复地批评，变成没有效果的唠叨。人人都可以预期，这种完全无效的表达只能导致失去尊严，因为孩子很快就发现不听你的，你也不能拿他怎么样。这种批评到底有什么意义呢？由于人们很少关心说话的效果，只是顺着自己的性子去说，因此，往往带来很多不良的后果，孩子觉得你说不出什么有趣或有营养的话来，久而久之，就根本懒得跟你说话，反而拉远了彼此的距离。当然，那位学员接受过训练后，比较能够体会爸爸的用心，会很成熟地先跟爸爸说："我看20分钟把这个节目看完，就去做功课。"父女二人才不致每晚都搞得不愉快。

最近，我养了一只金毛犬，开始关切训练狗的问题，发现狗虽然不能了解人类语言的内涵，但是完全可以因为语气而明白你的要求。最有意思的是，驯犬师驯狗的基本理念不是驯狗本身，而是训练狗的主人。他们要求狗主在给命令时绝对不要重复。例如最简单的训练狗坐下，只能说一次"坐下"，绝不重复第二次，然后等着它对这个命令作出反应，一旦做对了，立即给予奖励。可是，我发现我训练狗时，却倾向每次都说上好几遍，如果它没有立即反应，我会很想马上再说一次，而这样是不好的，因为狗马上发现它可以不理你第一次给的命令，你给指令的效果就大打折扣了。其实它不是没听见，只是正在琢磨要不要服从。从这个训练过程中，我体会到人们在平常沟通时是多么不重视效果，即使产生不可思议的误解，人们还是很少关注提升沟通成效的问题……

因此，要批评就要设法找出有效的方式，无效的批评不如不做，起码可以避免招孩子厌烦，而失去对孩子的影响力。

2. 不责备

这个部分也不能只照字面望文生义，因为，孩子行为有偏差时，父母有责任给予教育，责备是教育方式的一种。但是，我们不要忘了，每个人在被责备时，就像任何动物受到攻击时的反应一样，也就是其自信最为脆弱的时候，如果处置不当，对方只能有两种本能的反应，不是起而反抗，就是退而逃走，这两种反应，都不利于通过错误而学习。这也是很多父母的困扰，责备过了还是再犯，随着错误的升级，有时父母觉得不得不用体罚的方式，来加深孩子的记忆。可是，所有教育心理学家几乎都不赞成采用体罚。这种连训练动物时都不建议采用的方式，要说能对万物之灵的人类产生真正的功效，其过程想必十分惨烈。

因此，责备就像批评一样，是有方法与技巧的。但是无效的责备，就像无效的批评一样，不值得鼓励。

3. 不抱怨

我在新加坡担任卡内基训练区域负责人时，认识一位新加坡的学员，她是一位年过半百的母亲，儿子为她代缴学费，希望她来接受卡内基训练。她的先生去世得早，自己一个人辛苦地把儿子抚养成人，儿子结婚成家后自然住在一起。这位母亲感到自己一生最重大的责任已经完成，应该可以享受平静的晚年了。可是，她却发现自己对儿子媳妇越来越不满，在她等待一整天后，他们下班回家吃饭，却尽快吃完晚餐，就双双躲到房里去了，还是剩她一个人在客厅面对电视，连个说话的人都没有。她有时不由感到火气上升，这个不孝的儿子，铁定是被媳妇教坏了，自己的命真是苦极了。这种痛苦令她常辗转反侧夜不成眠，日子看似平静却越来越难熬，可是又不知如何改善自己的困境与痛苦。既然儿子愿意出钱，她就出来上卡内基课程，不但可以结交新朋友消磨时间，也看看自己的问题到底出在哪儿。

卡内基人际关系第一条金科玉律就是："不批评，不责备，不抱怨"，她开始有意识地发现自己的日常谈话，听起来总像是在抱怨。"今天太热了，我去买菜，买了你们爱吃的鸡翅，还有芒果、西瓜，重得差点提不回来，简直把我累坏了，回来半天都休息不过来，又到了要帮你们做晚饭的时候，厨房里真的很热……""为了帮你们收快递邮件，害得我不敢睡午觉，等了半天也不来，我在摇椅上打盹，快递到下午4点多才来，唉，真是……""怎么啦？我煮的鱼汤不好喝吗？你们都不喝，明天我又要吃剩的，鱼汤过夜腥味很重哎！老叫我吃剩菜……"她还真不觉得自己是在抱怨，说的不都是实情吗？难道跟自己最亲近的人讲讲心里话有什么不对吗？她简直要可怜起自己来了。

但是，既然交了学费上课，还是按照课程要求试试看吧！她要求自己别在饭桌上谈自己这些不怎么愉快的经验，反正也都是些小事，并尝试问问儿子媳妇，在外面工作一天发生了什么事，没想到他们倒有不少话要说，他们下桌的时间延后了，开始主动帮忙收拾善后，渐渐也不再急着进房去了，有时还一块儿看会儿电视，陪着她有说有笑的。她相当意外，但是就别提心中有多高兴了。

能像这位母亲，已经50多岁还愿意出来接受培训的人真的少之又少，虽是儿子付学费，但是她想要改善现况的决心及勇气，仍是十分值得嘉许。

抱怨，真的算得上是人际关系的毒药，要爱一位常抱怨的人是困难的，甚至是痛苦的，这里面包括了恩情似海的伟大父母亲。能够真正以有效的沟通方式，取代批评、责备、抱怨的应该是自信情商健康的父母，他们相信自己能用积极正向的方式来面对问题、处理问题。

不批评，不责备，不抱怨是改善亲子关系的第一步！因此，会引起自己抱怨的事，就尽量不要勉强自己做吧！要是真做了，就尽量别抱怨吧！有了这种健康的心态，才能继续探讨亲子沟通，否则，沟通气氛总是不对，后果堪虑！

卡内基亲子金科玉律第一条：

不批评，不责备，不抱怨

❋ 一个拥抱胜过千言万语——父母表达感情的自信

有时候一个简单的拥抱，所能传达的感情是无法言传的。其中包括对他全心全意的爱意、呵护、接纳、支持与包容，拥抱有时远胜过千言万语，当然更胜过数不清的唠叨与批评。

在孩子幼小的时候，即使连最含蓄、最不擅长表达感情的父母，也能够毫不迟疑地表达对孩子的爱意与亲昵。心理学家的实验证明，缺少拥抱的婴儿，即使食物充足，也很难身心健康地成长。

奇怪的是，当孩子渐渐长大，很多父母就觉得，再像以前一样拥抱孩子似乎有所不妥，甚至连牵握孩子的手，拍拍孩子的肩膀都越来越不自然。当然，很多青少年期的男孩可能为了证明自己很男人，故意远离这些他觉得很婆妈的行为。可是，在与家人相处时，男孩也同样喜欢亲人之间的肢体接触。

我父亲去世时，我16岁，正是不大不小的年纪，而父亲尚未满50岁，他很不甘心就此离开这个世界吧，因此也没有交代任何遗言。在他弥留的病榻旁，母亲与我沉默地陪在他旁边，直到他平静地呼出最后一口气。虽然不能说是没有心理准备，但还是一片茫然，我呆呆地顺着墙滑坐到地上，母亲叫我呼唤爸爸，说他还能听得到，但是，我发不出声来。这时一位平时来往较为密切的长辈来看望爸爸，一进病房就把我从地上拉起来，让我坐到椅子上，紧紧环抱住我。我的眼泪悄悄流下，他就那么抱着我相当长的一段时间，什么安慰话也没有说，但我却终生难忘。当时给予我最大安慰的，就是这个无言的拥抱。

孩子在青春期，总想寻求心理上的独立。他有时自己觉得生理上似乎已成熟了，可是心理上又缺乏智慧与历练，似乎还没有成熟，想要独立而未能独立。在这个极为尴尬、连自己也搞不定自己的时候，有时候一个简单的拥抱，所能传达的感情是无法言传的。其中包括对他全心全意的爱意、呵护、接纳、支持与包容，拥抱有时远胜过千言万语，当然更胜过数不清的唠叨与批评。真的，没有比深深的拥抱更具有疗效的了，也没有比拥抱更能传递爱意的了。

有一天晚上，我在台北家中，忽然接到一通电话，居然是警察打来的，说是他们抽查了一家电动游戏店，在里面逮到一批初中学生，全部带回警局去了，我儿子也是其中之一。儿子是去上晚间辅导课的，怎么会在电玩店里被逮？从来只有作奸犯科的坏人，才会被送到警察局，我这个优良公民向来很少跟警察打交道的，儿子竟然被警察抓去了，简直太可怕了。我心惊胆战地立刻开车到派出所，一进门看到沿墙站着一长溜儿初中生，个个神情尴尬，儿子一看到我，露出很愧疚的眼神。办理了一些必要的手续后，我把儿子领出了派出所，我既惊吓又难过儿子做出这种明知不该做的愚蠢之举，还没来得及责备他，那不争气的眼泪却夺眶而出，他忽然把我拥入怀中（他那时已经比我高了，并且平常看不起我们家人抱来抱去的行径），向我道歉并表示他以后不会再做这等蠢事。我们做了一次很坦诚的谈话，他完全能体会我的关切，也完全了解自己行为的误差。我们彼此之间的信任反而因此得到了增强。

我在网上看到这么一个"每天抱我一分钟"的小故事，很有意思：

一对小两口生过孩子之后，他们开始了分床而居的生活。白天工作疲惫，晚上应付孩子，渐渐地二人之间的谈话越来越少。

女人首先意识到了他们之间潜伏的危机，一天，她对男人说："我有个郑重的要求。"

"什么要求？"男人漫不经心地问。

"每天抱我一分钟。"女人说。

男人看了女人一眼，笑了："有必要吗？"

"我提出了这个要求，就证明十分有必要，你发出了这个疑问，就证明更有必要。"

"情在心里，何必表达！"

"当初你要是不表达，我们就不可能结婚。"

"当初是当初，现在感情不是更深沉了吗？"

"不表达未必就是深沉，表达了也未必就是矫情。"

于是两人吵了起来，最后，为了能早些平息战争上床休息，男人妥协了。

他走到床边，抱了女人一分钟，笑道："你这个虚荣的家伙。"

"每个女人都会对爱情虚荣的。"她说。

此后每一天，他都会抽个时间抱她一会儿。渐渐地，两人的关系充满了一种新的和谐。在每天拥抱的时候，虽然两人常常什么也不说，但这种沉默与未拥抱时的沉默，在情境与意味上有着天壤之别。

拥抱，真是一种无声的爱的语言。

怪不得两年前，"免费拥抱"（Free Hugs）活动在澳洲发起之后，一下子就感染了全世界。只见有人站在街头，举着"免费拥抱"的牌子，愿意被拥抱的人只要走过去，就能接受一个大大的拥抱。有人说那些举着牌子的人，自己才是渴望被拥抱的人，他们希望从陌生路人的身上得到心灵的慰藉。

心理学家丹尼尔·戈尔曼（Daniel Goleman）更在《社交商》（*Social Intelligence*）一书中描述过一个感人的故事：

一个3岁的小女孩心情不好，对来看她的叔叔发脾气。

小女孩说："我讨厌你！"

叔叔微笑着反应："可是我爱你。"

小女孩又说："我讨厌你！"声音变大，而且斩钉截铁。

叔叔却更温柔地回答："我还是爱你。"

小女孩大喊："我讨厌你！"

叔叔说："没关系，我还是爱你。"并张开双臂，把小女孩搂住。

小女孩终于软化："我也爱你。"整个人投入叔叔的怀抱。

多生动的描述啊！

几乎可以看见那小女孩由娇嗔的小魔鬼，变成温柔的小绵羊。真正打开她心房的，则是那双伸出的臂膀和紧紧的拥抱，语言则显得十分苍白。

人，天生喜欢拥抱。小娃娃哭，除了饿、要吃，就是没有安全感，要抱抱。几曾见过不要大人抱抱的娃娃？那拥抱除了是娃娃对爱的渴望，也表现了他自己对人的爱。

"抱抱"对孩子真是太重要了，据心理学家研究：常被抱的孩子，就像常被母兽舔舐的幼兽，因为总觉得妈妈在身边，有安全感，吃得多，长得又快又壮。

连放在保温箱里照顾的早产儿，虽然不能被带出来拥抱，也需要护理人员伸手进去抚摸他的身体。最新的研究甚至发现，在褓褓期间常被拥抱的娃娃，脑神经的发育更好。长大之后，常表现得更为乐观亲和。

父母如果能够开始努力试着在家中推动"拥抱运动"，不但夫妻之间多拥抱，孩子也会因为感到父母感情稳定而更有安全感。常给孩子拥抱，更是再三保证不论孩子行为上有时多么令人生气，但你还是爱他的，这种不断的再保证，给予孩子极大的信心，去面对外面世界的挑战，就像他随时可以得到充电一样。

顺便想在此一提的是，对老年父母的拥抱更是重要。医学进步，人类平均寿命大幅提高，表示人人都要面对年老的父母需要照顾。除了生活起居上的照顾，我们中国人也由于不习惯而很少拥抱父母。研究显示身体接触、拥抱、抚摸、亲脸等行为，都能有效降低血压，甚至提高血液中的血红素，表示体内含氧量提高，氧气本身不但可以补充生理所需，甚至可以促进组织再生，成效惊人！因此，拥抱是一个有益于身心的行为。

照顾孤独老人的养老院，发现了与动物收容所合作的好处。如能定期将受过训练的狗狗送到养老院，让老人可以抚摸拥抱它们，长期下来，喜欢接触狗的老人，生活态度明显变得更积极正向，甚至寿命也活得比较长。

所以，现代父母与孩子相处的时间远比以前要少得多，即使在一起也有很多各自的工作必须完成，在这种先天条件不足的前提下，身体接触的价值就越发凸显出来。父母可以温暖地拍拍孩子的肩背，看着孩子的眼睛轻抚脸庞，走在路上有时可以牵着手或是勾肩搭背，有意义的场合给孩子一个大大的"熊抱"（把对方全身揽入怀中），你会发现，与孩子一对一的关系在无意中大为增强，孩子可以完全感受到你对他的爱，足以弥补父母有时无意中对孩子的不耐烦或轻忽。这样一举数得的行动，作为父母亲的我们实在没有理由这么吝啬。

美国有许多研究结果显示，在家庭中得不到完全接纳的孩子，很容易投向任何伸开双臂接纳他们的人，不论那个人的动机用意是否正当。很多研究者发现帮派组织对孩子的吸引力，仅仅在于他们能像哥儿们样地互拍肩膀、称兄道弟、休戚与共，这种相互接纳包容的气氛，比起他在家中不断被批评贬损，何者对他更有吸引力，自是一目了然。

以未婚妈妈、男女关系随便的人作为研究对象的许多研究，也发现其实那些人所追求的，并不是露水姻缘或性行为本身，他们迫切渴望得到的，是被拥抱抚摸时那种被爱的感觉，而性行为只是为了得到这种感觉所必须付出的代价。代价即便如此高昂，也不能阻止内心空虚、渴望被爱以致铤而走险。想想真是可怜可悲！如果父母在家中能够提供充足的爱，只要通过接触与语言来表达原本就存在的爱，有许多不幸就可以避免，许多社会问题也可以减少。

但是，从来不习惯以拥抱来表达感情的人，可能真的会觉得很为难。就像前面所举的《社交商》一书中拥抱生气小女孩的例子，父母如果没有足够健康的自信，往往会跟孩子较劲生起气来。这样，当然不可能有效处理孩子任性的情绪，也没有能力在不自信的情况下，还能坚持拥抱孩子。所以，父母要能有健康的自信，才能看穿孩子表面的吵闹，理解他真正的心理需要，懂得如何有效处理。

拥有自信后，了解拥抱具有重要价值的份上，你可以把它当做一项新的技能来开始练习。

卡内基金科玉律中的第五条是"经常微笑"，就像拥抱一样，这是一个看来没有学问，却扮演着人际关系重要角色的润滑剂。对许多人而言，微笑是一件轻而易举的动作，但是信不信由你，很多人却没有办法自然轻松地微笑，有人觉得向陌生人微笑很困难，也有人觉得向熟识者微笑更困难。但是在卡内基的戴尔班中，有一位从事保险业的主管，长相严肃，从来不笑，长久不笑的结果，使他自觉笑起来比哭还难看。他虽然很关心同仁与下属，大家还是很怕他，中午大家呼朋引伴出去吃中饭，从来没有人会来问他要不要一起去。这让他内心很受伤，他决定要采取行动扭转颓势，因此，他的讲师要求他订立人际关系目标时，他就以同事为对象，并集中努力于"经常微笑"这一条原则上。前几天进办公室前，他无论怎么努力都还是笑不出来，对自己失望的情绪日渐升高，到了第五天，想到要回到课堂口头分享运用结果，不得不硬起头皮深吸一口气做出微笑的样子，推门进入办公室，这个不自然的微笑引起了众人的注意，大家都觉得他今天怪怪的，他自己也特别别扭。不过，既然起了头，接下来几天他仍旧鼓起勇气继续练习，直到他回到课堂报告时，还觉得不太自然。不过，3个月课程的努力，加上他回来担任学长的锻炼，他终于改变了自己在同事与下属心中的形象，成为内外相符的亲切主管，这是他受训最主要的收获。

拥抱就像微笑一样，是一种行动，因此，也绝对可以经过练习而习惯成自然。

任何人想要改变行为习惯总是觉得很困难，但是我们要有信心相信这是可为的。如果你的孩子还小，你本来就常常拥抱抚摸他，那就提醒自己，不要因为孩子渐长而减少甚至避免了这些亲密的接触。虽然青少年时期的男孩，会表现出逃避或厌烦的样子，其实，他的心中还是很受用的。建议有意避开众人，特别是在他的同学面前。亲密的身体接触，在无声中传达着父母对他的完全接纳与喜爱，这是永远不会嫌多的。再往远一点看，这就是帮助他度过叛逆期最重要的后盾，因为父母对他的全心接纳，并以他是成年人的心态与他相处，令他找不到什么必须叛逆的理由，直至成人，他就会自然地、有自信地运用肢体动作表达自己对亲人的爱意，帮助他成为一个更好的丈夫/妻子与父亲/母亲，这不是父母所能给予孩子的最佳祝福吗？

如果你的孩子已经处于青春期，身体接触可能会让他们觉得很不适应，那种感觉很陌生，虽然大家血浓于水，可是已经不习惯相互触碰的感觉了。医学研究显示人体内500万条触觉神经的1/3都集中于双手，双手的触觉传达了许多不需言语的信息。既然我们对此非常敏感，因此，可以先从手的接触开始。

我的母亲70岁开始接受我的拥抱，我相信三四十岁的中年人，没有任何借口不能改变！

今天，就是现在，行动起来吧！放下手中的书，站起身来，看看周围有谁，就上前给他一个拥抱，最少也拍拍他的肩背，当然也可以亲亲他的脸。受者也许会吓了一跳，以为你吃错了药，不要担心他们的反应，他们只是在掩饰自己的不惯罢了！只要你持续做下去，奇妙的事多半会发生在你的爱人（可能会开始为你做早餐）、你的孩子（发现他较少跟你犟嘴了），以及你的长辈（也许他的抱怨减少了）身上。

我祝福你享受表达爱意的自信，享受美妙的拥抱！

好父母用不着是超人——接纳自己缺点的自信 ✳

> 很多没有自信承认自己错误的父母，反倒由于心怀歉疚，又不知如何处理，或用溺爱弥补，或自行将行为合理化，于是，逐渐累积成为情绪上的负担。日后在别的事情上作出令人难解的反应，把亲子互动复杂化。

我们都知道没有人是完美的，可是，在孩子全心信任的眼神下，要承认自己不完美却也不容易。我记得女儿小学时上家政课，带回来一些布块要做一件围裙。由于工作非常忙碌，我是个糟糕的家庭主妇，做家事只求效率，只要有饭菜下肚、家里基本维持清洁就可以了，不一定要非常整齐。晚上盖在身上的棉被，早上起床就不要浪费时间去叠了，身为公司的副总，职务繁忙，家中又有两个幼子，加上高堂身体欠佳，常常需要请假照顾家中老小，一天24小时恨不得某处能生出几小时，才能完成一天的各项任务。当时的我，从事卡内基培训工作，深知时间管理的重要性，因此，心中常有各种事务的优先顺序表。帮女儿完成家政作业排不上重要事项，因此，我先是要她自己去搞定，当然她一个八九岁的小孩确实搞不定。在她的全心期盼下，我不得不挑灯夜战做围裙。原本欠佳的手艺加上急于交差的心态，第二天女儿看到她得带这个成品去交给老师，十分失望与为难。

不能满足她当时心中对我的期盼，其实我也小有遗憾，但是，早点儿让她对我的美好幻想破灭了，也未尝不是一件好事。终究，她得接受她的母亲不够能干，有很多事其他同学的妈妈铁定做得比我更好。但是重点是，希望她慢慢不再把自己的妈妈去和同学的妈妈比较，就像我也从不把她跟其他孩子相比一样。

其实，孩子很早就知道了父母绝非超人，幻想也许破灭得早了点儿，但是时间点本来就不好控制，迟早要面对的事，我倒不想延长他们的妄想。

围裙成绩果真不怎样，女儿说了其他同学妈妈的作品多么出色，试图引发我不尽责的罪恶感。真奇怪，人似乎生来就知道可以借助罪恶感，来达到对自己利益的最大化。由于我的母亲擅长制造罪恶感，因此我对这种游戏可说知之甚详，当下"打了一套太极"，就把这给推了回去。对不起，你妈的家事就是见不得人！

既然已经早早在孩子心中脱下了超人装，承认自己有许多不懂的事及做不好的事，甚至承认自己犯了错误，事情就变得容易多了。否则，随着孩子日渐懂事，你的光环越晚褪除，孩子越觉得受了骗，越容易对你产生不满。在那个当下，父母反而觉得更难承认自己的不足与错误，觉得自己必须端起架子以维持尊严，否则可能会赔上孩子对自己的尊敬。

其实，孩子总是成熟得比我们想象得更快、更早些，特别是现代科技助长了孩子从小就经由各种渠道，接受许多的刺激与轰炸，他们的认知发展比上一代，甚至比10年前、5年前都来得更快。因此，现在的一代，并非如以前所定义的10年为一代，现在可能3年、5年就算一代了。看看高科技产品的一代是多么短，就可以想象"一代"的定义将越来越短。

这表示父母过去所受的教育，到孩子这一代就有很多已经过时了。很多过去花费大量时间背记、考试的知识，现在可能只沦为一条信息而已，随便上网就能查找到，完全不再有背记的必要。新的电脑运用程式、奥数，父母有时根本帮不上忙。现代的父母需要更高的情商，要判断什么是不变的，什么是永变的。

希腊哲人苏格拉底曾经说过一句名言："我唯一知道的事，就是我什么都不知道。"考虑到他当时的生存年代，不能不彻底折服于他的先知先觉。我们现代人真的可以承认不知道的远比知道的多。今天所学的知识，大部分明天都不再管用了。

当然，这不表示我们可以不学习或停止学习，刚好相反，我们需要不断学习才能让自己发挥价值。而犯错只不过是学习过程中必然发生的一个历程，我们实在不用过于介意。能容许自己在合理的范畴内犯错的父母，才能容忍孩子犯错，并能教导孩子如何从错误中学习，这是现代父母必须具备的一种能力。

我自己是在痛苦的状况下，才体会到这点的。我成长在20世纪六七十年代。父亲受过大学教育，比较开放一点，但是在我真正能认识他之前就去世了。母亲也接受过高中教育，但是她的人生在23岁时被连根拔起，随着父亲移居台湾，从此除了父亲及我以外，再无其他任何亲人。作为独生女的母亲，她兢兢业业地独自挑起养育的责任，按照直觉以及过去对上一辈印象中的记忆，扮演着母亲的角色。长达十几年的岁月，她是在不断努力做人(想再生个男孩)与不断的失望中度过的。母亲这个角色对她毋宁是苦多甜少吧？以至于一直到我四五十岁，每次我的生日，她都不忘提醒我说那是她的受难日。

当时的母亲非常重视自己的权威与尊严，为了维护这份做母亲的架势，她情愿牺牲更为美好的母女互动。有一次我放学回家，一进门就感觉到气氛凝若冰霜，她寒着脸坐在摇椅上，忽然一个本子朝着我的脸摔过来，掉到地上，她骂道："给你请个家教，你还嫌累呢！"原来那是我在日记上写的词句。由于每日通车上学来回要两个多小时，回家吃完饭已经7点多了，还有家教要来，他走后再写作业，实在不胜负荷。但是，母亲不觉得小孩日记有什么不能看的，更不觉得小孩也会有自己的感觉想要表达。因此，她也自然不觉得自己做错了什么。但是，虽然我当时只有12岁，心中却非常不服气。这不过让我学到了口服心不服，不要把自己心中真正的感觉与想法表达出来，因为那样是不安全的。我也学会了只说她想听的话，把心事留给自己甚至要好的同学，我开始自己一个人去看牙医(用积存的零用钱)，因为蛀牙必须抽神经(当时还没有根管治疗)，其实很痛很可怕，可是我情愿一个人面对，也不想有一个唠叨责备的母亲陪同在旁。我们母女之间的这种距离，至今仍令我深深地感到遗憾。

父母从不承认自己也会犯错，孩子也就失去了学习的典范。我们变得很怕犯错，不管是在学校里，还是成人后在工作场所。在权威教养下长大的孩子，都很难面对错误。因为我们从小就没有看过父母好好承认过自己的错误，更不要提道歉了。好不容易等自己长大了，为什么该轮到我们来承认错误呢？犯错成了一件见不得人、无法原谅的事，承认错误就更丢脸了。

不过，就算我们是在那样的环境下长大成人，不表示我们日后应该重蹈父母这方面的覆辙，因为，时代变了。现代父母身为孩子的榜样，最好的教育方法就是以身作则。只有接受、承认自己的错误，并立即道歉，才能让孩子对于犯错有正确的认识，体会犯错并不会减损自己本身的价值。我们人人都会在行为上犯错，重点是如何从错误中学习，并尽快向受到伤害的人表示歉意。没有比这更有意义的家庭教育了。

下次当你一时冲动不能控制，也许是因为从办公室带回来的坏情绪，而对孩子发了脾气，甚至口出恶言，没有关系！等自己平静一点，就要当面向孩子承认自己的不对，可以说："我刚才不应该那样说你，其实我今天情绪不好，因为公司里出了一点状况，那当然不是你的错，妈妈很抱歉！"你的孩子不但不会轻视你，减少对你的尊敬，刚好相反，他会学习到大人也是凡人，也会犯错，而犯错并没有那么可怕，只要发觉自己做错了，能立即道歉，请求别人的原谅，同时从错误中总结经验，让自己走向成熟，这才是真正有自信的表现。

很多没有自信承认自己错误的父母，反倒由于心怀歉疚，又不知如何处理，或用溺爱弥补，或自行将行为合理化，于是，逐渐累积成为情绪上的负担。日后在别的事情上作出令人难解的反应，把亲子互动复杂化。只有人类才有的爱恨交织的情绪，通常都是由于对于犯错的不当处置引发的。因此，培养勇于承认错误的自信，正是父母的必修功课。

我的女儿曾经这么说过："你生我，养我，可是却像朋友一般对待我！"她似乎觉得由于生育之恩，我理应高高在上，不容置疑。可是我自己愿意从神坛走下来，因为，我不要那种距离。**如果人生是一趟火车旅行，作为父母，我们早了几站登车，孩子晚几站上车，有缘身处同一个车厢，甚至比邻而坐，对于生命中掠过的种种景象可以一路互动交流，对我来说，就是最为美妙的经历了。**

努力做最好的自己——对生命美好本质的信心 ✽

> 鲁钝的我起码挣扎了十几年，才能慢慢体会自己的人生只有自己可以掌握、可以修复，纵然充满各种挑战与困难，生命本质还是非常美好的。

父亲为我取了单名一个"真"字，受到名字的影响，我向来也是以"真诚"自豪，觉得自己总能要求自己以本色示人，不需逢迎拍马，如果真话可能伤及他人的自尊或感情，我选择不说或委婉地说，也不愿说假话。其实，我发现很多人都觉得不论别人感觉如何，自己也应该把真实的感觉表达出来，很多人认为自己是"一根肠子通到底"的直肠子，或是"肚里藏不住话"的坦白人，甚至是"有什么，说什么"的痛快人，有别于其他小肚鸡肠、心中藏着诡计的有心眼儿的人，甚至"刀子口，豆腐心"在中国社会里都是值得称赞的一种现象。但是话说出去有没有达到你所期望的结果，那完全是另外一件事。

迪克·摩高（Dick Morgal）先生是我卡内基职业生涯中的一位职场

导师，在开始从事卡内基工作的初期，我常常像许多人一样为此深感困扰。如果不能开心地做自己，想怎么说就怎么说，那么再多的方法与技巧又有什么意义呢？又能给人带来什么幸福？我以此问题，求教于从事卡内基工作20多年的他。他的回答是："当然应该做自己！可是要做最好的自己！"这句话在20年前，着实令我有醍醐灌顶、豁然开朗的感觉。是啊！随意地做自己，率性地做自己，只要自己高兴就好，爱骂人就骂人，想打人就打人，做这样的"自己"好吗？自己就真的只是如此吗？自己会开心吗？

20世纪90年代，卡内基夫人多萝西·卡内基(Dorothy Carnegie)当时身体还很硬朗，出席过很多次卡内基世界年会，大家猜测她的年龄应该超过85了(当然这是个最大的秘密，没有人真正确知)。看她穿着高跟鞋，神采奕奕地上台讲话实在是一大激励。她说过："如果人际关系只是关于人与人之间的喜厌好恶，那么我明天就可以结束卡内基的事业。"因为，人际关系应该能超越个人的偏见、成见、直觉、好恶，以追求互动的最佳结果——双赢。为了追求双赢的人际关系，一个人不可能只是单纯地、无意识地顺着自己的直觉与人互动，还认为只有这样才真实。事实上，良好的人际关系要求的是，更有意识地做更好的自己。这在亲子关系上尤为正确。

人人都难忘恋爱的感觉，尤其是初恋。因为，在初恋中，我们多么在意自己在对方心中的印象啊！为了在自己喜欢的人面前表现更好的自己，我们无不从内至外打点一新，在一起时更是全心全意地关注着对方，不漏掉对方的每一句话、每一个眼神、每一个小动作。也就是在恋爱中，我们的注意力全部放在对方身上，有趣的是，当我们真正关注对方时，就是在做较好的自己，我们好到连自己都陶醉甚至感动了，因此，谁不喜欢谈恋爱或回味恋爱的感觉呢?

我们往往把自己一天最为精华的时段以及身心状况,都奉献给了工作。因为,我们深知顾客、同事、下属与老板的重要性。由于工作本身的结果导向,我甚至常常会在重要的谈话前,预先设想自己希望此次谈话能够达到什么预期结果,要达到所需的结果必须如何起承转合,甚至沙盘演练对方的反应,再设想如何处理其各种反应,以期引导谈话方向,并能得到预期结果。这些用心设计的沟通,常常带来工作方面的成功经验,即使不能尽如人意,也因为有意识地作过准备,事后可以进行检讨改进,推动后续沟通或其他的互动方式。

多么可惜,回到家中,我们无不精疲力竭,并觉得既然都是自己人,何必那么费事费心特意与孩子沟通?甚至有人认为这样会不会太虚假了?就还是随意做自己好了!别闹了!谁回家还有力气做最好的自己?

这种在工作场合中,有意识地表现出自己较好的一面,一回到家中,则停止一切努力,听任自己回复原状,就像恋爱中的男女一旦结了婚,就各自回复原形,完全是同一回事。

为了什么,我们把比较好的一面给了外人?难道不是自己的爱人及孩子,才更值得我们做最好的自己吗?再说,又为了什么,我们不能常常保持自己更好的一面,把它变成一种行为习惯呢?我们根本不需要碰到顾客才认真聆听,与老板开会才仔细揣摩上意,我们完全可以同样用心地聆听我们的爱人及孩子,揣摩或感受他们的想法及感觉,难道他们不值得吗?

在传统家教下成长的我,经常被批评、被责备、被抱怨,造成我个性非常内向拘谨。我在外地上大学,放假坐火车回家5小时的车程,我常常饿着肚子回家，旁人无不大快朵颐吃着各式食物，我越看越饿，就是不好意思拿出准备的干粮在陌生人面前果腹，更不敢大声吆喝小贩买个盒饭来痛痛快快地吃个饱。下车时，我再一次对自己感到失望，知道自己未能挣脱束缚，那种对自己不满的感觉实在令人挫折，我知道自己应该可以活得更自在，我相信自己有更好的一面未被发掘。

虽然身为批评抱怨的受害者，可是，我渐渐发现自己也不自觉地批评、抱怨着许多身边的人与事。就算由于内向，我无法像我妈对我那样，毫无顾忌地发泄情绪，但是，我心中却总是抱着负面的心态。最可怕的是不敢伤害他人，只有伤害自己，我常常会认为自己很倒霉，也常常收集（当然是无意识的）自己所遭遇的各种不顺利的事件，包括久等公交车不来这种小事，来证明自己是个衰运上身的人。我高中、大学都在外地求学，住在学生宿舍里，我老是发牢骚，常令室友听不下去。我的同寝室好友就常常企图说服我，对于人生的不幸，如果能采用接受的态度，而不是抱怨的态度，一切就会有所转机。但是，当时的我心思苦涩，确实无法参透，为什么同龄朋友中只有我父亲早逝，与多病的寡母相依为命？在20郎当岁的青春岁月中，谁不是海阔天空，正打算振翅高飞呢？鲁钝的我起码挣扎了十几年，到开始卡内基工作后，才能慢慢体会自己的人生只有自己可以掌握、可以修复，纵然充满各种挑战与困难，生命本质还是非常美好的。

其实，人生中谁没有磕磕碰碰的？只要相信每个人都有自我提升的能力，不断要求自己成为更好的自己。这种信念可以帮助父母整理自己的过去，在与孩子的互动上，能够有意识地发挥自己个性中的优点，即使成长岁月中曾经受过伤害，也能发挥自我修复的力量，将过去痛苦的沙粒磨亮为温润的珍珠，成为亲子互动中宝贵的参考经验，而不要重复过去的模式，制造同样的痛苦。

父母能努力做最好的自己，才能帮助孩子发展出他最好的自己。

卡内基亲子金科玉律第三条：

引发他人心中的渴望

第十九条：

诉诸崇高的动机

❋ 享受与孩子快乐相处——容许享乐的信心

> 对于苍白成长的独生女妈妈来说，孩子的童年如同我的二度童年，我非常珍惜这第二次机会。因此，这些在一般成人眼中可能很幼稚的事情，我都像孩子们一样认真对待。

有一次，我陪女儿去参加一场儿童才艺比赛，每人做一项主办单位所指定的项目，以及一项自由发挥的作品。现场的参赛儿童多是母亲陪同，少数几位父亲点缀其间，每人领来材料后，就开始在预计时间内完成一幅图画。许多家长在旁边不时指点孩子如何如何，我可能是少数静静坐在旁边欣赏女儿绘画的家长，可能我的艺术才气不如女儿，她从小就能画什么像什么，（姥姥说的，听得出来灌了水！）但是她向来信心十足，意发笔至，似乎确实颇为轻松就能完成画作。看着她稚气的脸蛋，透着十分专注的神情，浓密弯长的睫毛下是一双灵慧的眼睛，双眉因为用心而略略有点颦蹙，显露出与年龄不相符的严肃，认真地在纸张上努力着。画的是一幅她心目中理想的台北市美景，如果入围，她会有机会向评审老师当面说明画中的含义。我的心中充满柔情与感恩，在那个周六的下午，我能有这个难得的机会，陪着她专注地画画。

其实，带她来参加比赛，只不过是给她创造一些经验罢了。既然我们没有患得患失，只求她在当下能表现自己最好的能力，因此，我们两人颇为轻松，完全没有其他家长的殷切期盼，反倒更能从此次活动中得到乐趣，收获不是她后来得到的佳作奖状，而是我们两人的共同回忆，我发现即使亲如母女，看似每天生活在一起，但是真正能在回忆中发光的点并不一定很多，我当时就觉得应该更努力地创造更多美好的共同回忆，虽然后来大家的回忆点不尽相同，但是，共同的话题还是可以增加不少。

我很遗憾地常常听到家长们感叹时不我予，可是了解到他们常不重视与自己孩子相处时的互动品质，我很好奇，即使老天再给个十年八载，延长孩子的成长时光，就会真的有什么差别吗？

我的孩子成长于电动玩具刚刚问世的年代，不用说，其威力是所向披靡的。再多再好的玩具，都比不上一部电子游戏机。对于成年人来讲，要戴上儿童的眼镜，从他们的角度看世界是那么困难。我们的日程上，排满了各式重要的事情，我们也把孩子的日程排得满满的，要他们按照我们认为的轻重缓急来过日子。在家长看来，再也没有比打电子游戏更为浪费生命的了。我们虽然不能免俗地买了游戏机，却发现他们玩的时间，总是多过我们的限制。这渐渐成为我们关切的重点。确切地说，电子游戏成为我们对孩子不满的主要原因，就像现在父母总是觉得孩子玩电脑、上互联网太多一样。

　　这令我很不开心。有一天我终于想通了，如果不能打败它，那么，就加入它吧！

　　我开始要求加入跟他们一起玩，他们很惊喜，因为以前常常邀我玩，我都表示没有兴趣并露出鄙夷的神情。现在我竟然主动要求加入了，他们兴奋极了！于是我们兴高采烈地一起玩开了。当然，毕竟手指不灵活又欠练习，死得很快，我只不过成为了他们的笑柄。但是，至今我还似乎能听到，客厅中回荡着孩子们天真欢乐的笑声。因为一起玩电子游戏，我们曾经一起度过了许多开心的周末夜晚。客观地说，他们确实花了一些时间玩电子游戏，而且如今都上30岁了，有时候还会玩玩游戏来解闷。不过，事实证明电子游戏并非毒蛇猛兽，他们也都能平衡健康地成长为有用之才，并没有耽误正事。

　　女儿从小兴趣广泛，跟她一起，我们常常有机会研究独角仙(甲虫)、蜻蜓，养蚕宝宝直到它破茧而出成为飞蛾，为了偷摘别人的桑叶而被人追赶，养蝌蚪直到它长成青蛙放生了，在胶卷盒中泡水养着绿豆等它发芽。(有一次我把拍完要送去冲洗的胶卷随手放入盒中，第二天才知道已经在水中泡了一晚，泡汤了！)儿子喜欢收集小汽车，后来喜欢收集棒球卡，家中到处都散落着他的小汽车，我从来不知道世界上有这么多各式各样的车型。对于苍白成长的独生女妈妈来说，孩子的童年如同我的二度童年，我非常珍惜这第二次机会。因此，这些在一般成人眼中可能很幼稚的事情，我都像孩子们一样认真对待。

　　我享受了孩子成长的快乐，弥补了我童年的不足，他们似乎也因为我的这种态度，而度过了相当无忧无虑的童年。我们之间也因此建立了相互信任、开放与尊重的基础。

现代父母想要成为孩子的朋友，就必须从孩子小的时候，就陪伴他成长。送给孩子最好的礼物，就是用开放的心态陪在他身旁。年老的父母固然渴望陪伴，年少的孩子更需要陪伴，但是现代人最缺乏的莫过于时间了。随着孩子成长，陪伴的重点，将不只是在时间的长度上，还有陪伴的质量问题。

在我成长的岁月中，妇女在外工作的仍是少数。我的母亲是完全忠心地守在家中，内向的她几乎大门不出、二门不迈，总是把家整理得清爽舒适，全心等着出门工作上学的先生女儿回家。她的全部生命都给了这个家，失去了自己的追求，也就缺少自己的成就感。面对着她辛苦准备的饭菜，本来是和乐的天伦享受，却往往因为一些芝麻琐事，她就对爸爸或是我生起气来了，也可能我们从来没有表示过感谢吧！造成我向来觉得吃什么一点都不重要，在什么气氛下吃才是最重要的。三个人中只要有一个人心情不好，其他人又怎能品尝得了山珍海味？我后来的原则是不要太勉强自己做超出自己能力的事，也就是说我只要做了，就绝不抱怨，会引发我抱怨的事，我就尽量不做了。有时候，我们可能吃的很简单，家里可能不太整洁，但是，我掌握住和谐开心的氛围，我认为家人相聚的气氛远比任何物质的享受重要。我不要自己重蹈母亲的覆辙，为了精心准备晚餐把自己累得情绪不佳，我觉得这是舍本逐末了。家人在一起吃什么做什么，都不比气氛如何来得重要。有时候为了省电，全家四口挤在一个开空调的小房间里，大人睡床上，两个小孩一人一边在床旁打地铺，大家也兴奋得不得了。

如果你是如此幸运，一生就只有一次为人父母的机会，为什么不好好享受其过程中的每个片刻呢？有人说，人生最美好的时刻都在回忆中，直到我的子女成人，我才真正明白这句话的意思。卡内基克服压力的金科玉律第一条就是"活在今天的方格中"，用在亲子关系上完全恰当。当孩子成年后，父母才突然发现当时的许多担忧，其实既不必要又多余，妨碍了我们享受当下的快乐，甚至制造了许多不必要的亲子紧张。

中国人忧患意识比较强，几乎不习惯没有烦恼的日子，我们常说："人无远虑，必有近忧"，总之，离开忧虑反倒不安。现代中国改革开放30年，我们的生活水准全面提升了，可以慢慢培养"人有追求快乐的权利"的态度与信心。即便是受到几千年来过于严肃正经的人生态度的约束，我们也可以容许自己与孩子一起享受开心与快乐地成长。因为，孩子只有一次童年，而家长又只有这一次做父母的机会，何不好好把握一起成长的机会，享受亲子相爱的快乐时光？这些吉光片羽，将是亲子双方永难忘怀的美好记忆，也是各自在人生旅途中，无可替代的幸福加油站。许多力量与资源，都将从这些美好的共处时光而来，成为亲子双方应对未来挑战的核心能源。

这一段共创美好回忆的机会稍纵即逝，短暂到你还来不及意识就成为过眼云烟，许多无伤大雅的事就不必太在意吧！让自己与孩子都能享受这份良缘，珍惜在一起的宝贵机会。

卡内基开创人生金科玉律第一条：

活在今天的方格中

✿ 营造安全包容的家庭氛围——父母开放的自信

需要用权威去压孩子俯首称臣，让孩子觉得没有表达想法的自由，不正是反映出父母没有接受挑战的自信吗？

　　我的同事有个13岁的女儿，由于功课很好所以进了一所名校，该校规定全体住校。同事女儿是个聪明有主见的孩子，上过卡内基青少年培训后，更是对自己的生活起居有自己的时间表，也有清晰的目标愿景。她是个自动自发型学习的孩子，因此，对于学校老师，尤其是宿舍内许多管理上的种种限制与规定，觉得很难接受。对她来说，这些规定只不过打乱了她自己的安排，对她不但没有帮助，反倒带来不必要的干扰。

　　跟父母反映过几次都不得要领后，她决定自求多福，自行南下去姥姥家散心去了。这果然引起了父母的重视，坐下来正式面对问题讨论过后，女儿的立场坚定，论点也很合理。自信的父母也改变了自己原先的决定，同意孩子先休学，下学期进入国际学校学习，准备以后出国接受高等教育。

但是在进入新的国际学校之前，还有好几个月的时间，妈妈怕她在家荒废了学业，因此，希望她还是回到原来的住宿学校，上完这几个月的课程，然后衔接上国际学校下学期的课程，以下是她们母女真实的对话：

母：你这几个月还是回实验学校上课吧。

女：国际学校录取我了，我还回实验中学干吗呢？

母：等到明年2月底入学还有4个月的时间，那你在家干吗呀？

女：国际学校的课程和国内学校的课程体系又不一样，你要我回国内学校学什么？

母：你总得有个期中考试的成绩啊！

女：你是怕我在这4个月里没事干吗？我想高中毕业出国上大学的大方向是不会变了，对吗？

母：是啊！

女：那我这4个月的重点，应该是加强英语学习，入学后快速适应以便跟上国际学校的课程吧！

母：嗯。

女：我认为我应该去新东方上英语课，而不是回实验中学上应付国内中考的课程，你说呢？

母：那你就没有国内的学籍了。

女：我有国际学校的学历证明，足以让我申请外国大学的入学许可就可以了，不是吗？

母：……

从以上的对话中，可以看出孩子对自己有很清楚的规划，在这种情况下，父母能抛开自己原先的构想与成见，起到了举足轻重的意义。如果没有开放的心态及自信，一定会为了证明自己的正确性，而强迫孩子回到原先的实验中学，不但造成孩子未来几年无法发挥潜能，并在亲子关系上筑起了一道高墙。即使孩子了解父母的出发点是为了自己好，还是会为了得不到支持而气馁，蹉跎宝贵的年轻岁月，真的可能两败俱伤。

因此，我非常恭喜我的同事夫妇，能够这么有自信地、愿意开放地评估孩子的判断力，然后支持孩子的选择。一个人对于自己的选择，通常会倾全力去完成，以证明自己的决定是正确的。反之，则可能下意识地遵从别人的决定，却故意表现失败以证明他人选择的错误。他们一家三口避免了意气用事，能够心平气和地坦诚沟通，真的很了不起！

另一个例子则发生在美国。美国《华尔街日报》曾经刊载过一篇有关微软公司创办人比尔·盖茨的报道。

盖茨十一二岁时，变得越来越不听话。一次，他在饭桌上和父母争吵得简直不像话，从来不参与母子争吵的老盖茨，顺手拿起桌上的一杯冰水，猛然浇到儿子的头上。父亲的怒气，不但没有吓倒小盖茨，他还转头对父亲说："谢谢你给我来了个淋浴！"

老盖茨夫妇感到事态严重，就去约谈了心理医生。医生说："这孩子正在对你们进行一场独立战争，最后赢的肯定是他，你们必须撤退！"夫妇俩还是比较愿意尊重孩子的，因此，家中的争吵少得多了，基本上恢复了平静。

像盖茨这样进了哈佛大学又因自行创业而宁愿自动辍学的人，要做这个才华洋溢孩子的父母，确实不能墨守成规，否则，不是毁掉了他的人生，就是亲子关系彻底破裂。看今天比尔·盖茨的事业成就，更胜一筹的是他在慈善基金会方面的表现。老盖茨夫妇一定深以为傲，并庆幸自己当年拥有的养儿智慧。

其实，这完全显示了老盖茨夫妇的自信，越是对自己有信心的父母，在亲子关系上就能越放松，也能给孩子更大的空间去尝试、去犯错、成长。越是崇尚权威，不容许孩子发言，更无法容忍孩子发表与自己想法不同的见解，就越表示父母需要权威的面具，来掩饰自己低落的自信。其实，拥有自信，就像一位真正的淑女一样，如果需要对人证明她是淑女，那就恰巧表示她不是淑女。真正的自信，是不卑不亢的，不用踩在他人头上，不用讨好别人，更不用向他人证明什么。

需要用权威去压孩子俯首称臣，让孩子觉得没有表达想法的自由，不正是反映出父母没有接受挑战的自信吗？

2010年8月7日北京《新京报》报道：中国人权发展基金会在北京发布了第一份"亲子交流现状"报告。调查对象为2 000多名家长与小学生。

报告显示，由于工作时间繁忙，餐桌成了亲子交流的主要场所。既然如此，父母就可以尽量利用就餐时间与孩子进行交流，父母先要有足够的自信，接受孩子不同意父母的想法，不会觉得面子上下不来。否则孩子很快就知道不同意父母是不安全的，当然也就只能选择保持沉默，或作些违心之论。餐桌可能变成教训的场所，父母维护了虚妄的权威，孩子丧失了练习思考与表达的机会，更大的影响是，孩子可能因此不再敢挑战权威，这种心态造成的因循苟且，特别不利于科学研究与创意发挥，妨碍了孩子潜能的发展。

　　父母越有自信，就越能鼓励孩子在家中发表自己的意见与想法，孩子越有机会抒发自己的见解，表达能力与判断能力也越强，这是一个亲子双方的良性循环，就看父母是否愿意在家中创造安全开放的氛围。

卡内基亲子金科玉律第五条：

经常微笑

第八条：

谈论他人感兴趣的话题

第十五条：

多让他说话

如何增强身为家长的自信 ✽

> 爱，就适时表达出来吧！现代人真的太忙了，何必
> 让孩子用一辈子的时间，去揣测父母是否真的爱他？

　　以上所谈的每一点，都与父母本身的自信脱离不了关系。孩子是否能奠定自信的基石，很大一部分是操之于父母。自信心健康的父母，才能成为孩子自信的榜样，潜移默化的身教成为孩子自信的典范，培养他在家中就能拥有自信的基础，准备好应付外面的世界。就像受过训练的战士，再派送到战场上，是同样的道理。

　　但是，父母本身的自信又从何而来呢？不是每个人都能幸运地在情商很高的父母的引导及教养下，自然成长出成熟及自信。成长中未能得到正确指引的家长，就只有靠后天的努力来提高自信了。好在人人都有这方面的潜力有待开发，这不是信口开河，而是从事卡内基培训工作二十几年来，实在见过数不清的成功例子。

在课程中，有很多机会学员必须分享个人的经验。有一位工程师谈到一件最令自己感动的事，他是这么说的："我平常实在太忙于工作了，经常出差不在家，女儿雅雅都是我爱人在照顾。有一天放假在家，我想休息一下，就在沙发上看书，可是精神不济，很快就犯困了，躺在沙发上就睡着了。蒙眬中，觉得有人在往我肚子上盖什么，觑了一眼，只见3岁的雅雅正用小手，艰难地拖着一床她自己的小毯子想要盖上我的身体。我实在太困了，没有理她。等我睡了一觉神清气爽地醒过来，身上好好地盖着毯子！心中一阵暖意升起，觉得在外面怎么打拼都是值得的。"在全班同学的热烈鼓掌下，他坐回位子，作为讲师的我，大大地肯定他叙述了一个极有情绪影响力的事件，接着我问他："你一定告诉过雅雅这件事令你这么感动难忘吧？"他回答："没提过。"我又问："为什么呢？"他耸耸肩也说不出为什么。

这是典型的不能表达爱意与感谢的例子。我们都说中国人含蓄婉转，照我看来，我们对人表达负面情绪的时候，一点谈不上含蓄。我们可以不经思索地批评、指责、抱怨、毫不顾忌别人的感受。可是，要说表达内心深处的感动及爱意时，我们却含蓄起来了。这位父亲只是许许多多学员中的一位，他们可以在全班同学面前，分享与孩子、爱人、父母、朋友、工作伙伴之间最为感人的互动，可是自己却坚守着这个秘密，从未向对方表达过只字片语。也许会借着更加倍努力的工作，或者别的行为来表现自己的爱意，可就是无法当面好好地表达出来。这种羞于表达，真不知错失了多少与亲人加强情感的机会，尤其对于渴望不断得到肯定及保证的孩子来说，更是可惜。如果能常常掌握这些机会，顺势拥抱孩子一下，亲他一下，或当面告诉他自己是多么感动，孩子的心灵就会得到满足，他们的自信就被好好充了一次电，起码会促使他很长一段时间愿意做个行为良好的孩子。

真的觉得很难吗？好消息是，只要你愿意开始采取第一个行动，无论你内心感到多么尴尬，都会对结果感到惊喜的。一次生两回熟，你表达自己爱意的自信，就会慢慢增强了。

有一位非常成功的新加坡企业家，就像一般华人男人一样，不善表达内心对爱人的感情。虽然他常跟朋友及受训同学提及爱人对他创业时的辅佐，令他多么感谢。可是，他就是没有当面跟爱人表示过。有一天，他的爱人收到一封信，看了看封面字迹分明是丈夫的手迹，突然之间，她惊慌起来，什么事不能当面说而要写一封信寄回家来呢？许多不祥的感觉涌上心头，令她非常迟疑打开这封信。最后，她鼓起勇气拆开信封展开信纸阅读起来，热泪渐渐充满她的双眼，慢慢滑落脸颊。她把信纸贴向胸口，觉得心中爱意充满，她又拿起来读了几遍，放在枕头下好几天，没事就要拿出来看看。后来她在当学长时跟全班同学分享，她爱人的这封直陈爱意的信，现在被她锁在保险柜中，并且是所有贵重物品中最为宝贵的一件。

这位华人企业家能采取行动写这封信，并非偶然，他是在培训课程中不断增强了信心，正好讲师要求每位学员写一封感谢函，给自己一生最为感激的人，才有了这个结果。这个故事显示，每个人的信心都可以在卡内基课程中得到增长，学员在正向的氛围中也更有力量，由于课程的要求，去采取自己原先不敢采取的行动。一旦采取行动，其后果往往令他自己也感到惊异，原来爱人虽然不能说完全不知道他的感情，但是收到真情流露的一封信，就能珍惜至此，也会反过来增强他敢于，甚至乐于表达自己感情的动力。多练习几回，得到对方更多的反馈，这方面的自信也就水涨船高了。就是这么简单！

能够自在地表达对孩子的感情是一份幸福，但对有些人来说，可能需要多多努力才能做到。不过，这真的是一件最值得你对自己投资的事，不但你的孩子会因此自信地成长，你自己更会因为能够里外一致而减少许多情绪上的内耗。

记得，千万不要因为没有自信表达，而让你爱子/女的自信之苗为之枯萎。爱，就适时表达出来吧！现代人真的太忙了，何必让孩子用一辈子的时间，去揣测父母是否真的爱他？

第二章

奠定孩子自信的基石

　　父母真的是孩子自信的上帝，父母可以创造，更可以摧毁孩子的自信。可怕的是，摧毁或是破坏常常是在不经意、无意识间造成的。在正常的亲子关系中，父母无不十分在意培养孩子的自信，他们并没有打击孩子自信的动机与意图。却往往在无意间造成伤害，这常令人为之惋惜。

✽ 父母的评价决定孩子的自信基调

父母真的是孩子自信的上帝，父母可以创造，更可以摧毁孩子的自信。可怕的是，摧毁或是破坏常常是在不经意、无意识间造成的。

从事培训工作，我们常有机会接触非常优秀的孩子，相貌长得也很好，但是却很害羞拘谨，不敢表达，看起来就是没有自信的样子。其实，我自己也是这么长大的。

外表跟自信真的没什么绝对的关系，许多外表美好的人，包括好莱坞明星都可能内心没有自信；自信跟学历也没有必然的关系，学历低固然可能让许多人自卑，但是，许多高学历的人也可能自信低落。许多家世很好的人也不见得比出身贫困的人更有自信。自信，看来像是个谜。

按照我个人的经验，真正内在的自信首先来自于父母。教育学家也认为这是最为初始的自信来源，自信基础深厚的人，即使在人生中遇到打击，还是像银行户头中总是有存款一样，怀着基本的安全信念。反之，如果没有从父母处得到足够的自信存款，更糟的是一开始就是负债，那么，后天非常努力培养的自信，也常常像是建在沙滩上的城堡一样，不堪一击。

父母真的是孩子自信的上帝，父母可以创造，更可以摧毁孩子的自信。可怕的是，摧毁或是破坏常常是在不经意、无意识间造成的。在正常的亲子关系中，父母无不十分在意培养孩子的自信，他们并没有打击孩子自信的动机与意图。却往往在无意间造成伤害，这常令人为之惋惜。

孩子呱呱落地后，父母不仅是孩子"自信"的上帝，其实，根本就是"孩子"的上帝。中国人在传统观念上认为父母就是"天"，是生命的创造者，身体发肤受之父母，因此，孩子的价值就由父母来决定了。

这里要强调的是，即使孩子从父母长辈那儿已经得到充分的价值肯定，还是不能忽视父母态度及言语的重要性。因为，人的自信并非坚若磐石，而是浮动常变的。即使最受宠爱、最有自信的孩子，也有可能在粗暴的语言下被打击、被丢入深渊，立马觉得自己什么都不是。

我从小就长得瘦长，像根竹竿似的很不讨喜。有一次我们全家出门，在街上遇到一位我父亲的老同学，他看到我就问念几年级啦？听说我才念四年级，他扯开嗓门就开起玩笑："长这么高才念四年级，这肯定是个留级生。"那时候的大人常常要拿人的外表来开玩笑。班主任也说过："长这么高，连这个也不会？"这些看似平淡的语言，对于信心薄弱的我，却产生了长久的阴影。我一直嫌自己长得太高，所以经常驼着背，巴不得让人看着矮一些。

由于母亲健康不佳，我常常在厨房帮忙，帮的忙越多，挨的骂也越多。总是拿不对碗盘，或是手脚不够麻利，如果洗碗打破碗碟，那当然挨骂挨得更惨烈。母亲喜欢机灵的小孩，我却是忠厚老实，既不伶牙俐齿，更不可爱讨喜。总之，我是个笨手笨脚、傻长个头儿的笨拙女孩，干什么也不成，也干不好。

理性上，我知道自己是父母唯一的掌上明珠，理应自信满满，可事实是我感觉自己根本不确定是否能让父母满意，我总在自问他们到底是以我为荣，还是觉得我丢了他们的脸。

妈妈老嫌我笨拙，爸爸又常出差在外，家中再无他人，觉着自己没有人喜欢，应该算是我当时的想法吧！

虽然长大后我的表现不差，母亲也早就改变了说法，觉得我还是挺能干的，但是，小时候母亲的评价，始终是我对自己的刻板印象，必须加以理性化，才能转变。骨子里，我总是觉得自己不够聪明，并且再也无法从烹饪中获得任何乐趣。

由于独生子女获得的是父母100%的注意力，因此，父母的评价也占有100%的影响力。这一点，不容父母忽视！

报载一个18岁的青年偷了别人的东西想换钱玩网游，又良心过意不去，竟然在失主家门口留了一张纸条："对不起，我是坏人……祝你天天开心！"被捕后，记者问了他几个问题，发现他沉迷网游所以缺钱，他说他也很想戒掉网瘾，可是父母总拿他和别人比，而他总是比不过，心里感觉很挫败。只有在网游里，他才是顶级的，再说网络里，还能交到很多朋友。孩子的幼小心灵真的非常脆弱！

千万不要低估了父母对孩子评价的力量！负面评价的杀伤力固然强大，好消息是，正面评价一样具有强大的影响力，这是父母送给孩子终身受用的最佳礼物，而且，不费分文。这也正是下一节我们要探讨的主题。

卡内基亲子金科玉律第一条：

不批评，不责备，不抱怨

第二条：

给予真诚的赞赏

第十三条：

以友善的态度开始

✻ 有效的赞赏与肯定——孩子自信的维生素

扪心自问，即使已经成人的我们，难道不是同样渴望获得赞赏与肯定吗？我们都愿意多做那些能够得到奖赏的行为，因为赞赏就是一种最好的奖励。

心理学家说每一个人内心深处无不渴望获得肯定，成年人都是如此，孩子就更需要了。事实上。获得肯定与赞赏，正是提升自信的最重要来源。因为，自信无法无中生有。反过来说，经常受到责备与否定的孩子，自信必定低落。

其实，现代的中国父母，加上双方的上一代总共有六位长辈，都把培育家中的独生孩子当做头等大事，断无伤害孩子自信的道理。只是，爱是需要学习的，如果单纯沿袭过去的教养方式，往往无法满足现代教育的复杂性与多变性。

中国人不习惯赞赏自己的孩子，因为中国人深信"满招损，谦受益"的古训。连自己都应该谦逊，更何况家中的黄口小儿？在人前，尤其对自己孩子的表现轻描淡写，甚至扬其不足，表示自己的谦虚美德。另一方面，总是担心夸奖孩子，会造成孩子过于自满，不再受教。

我接触过许多父母，他们多有上述现象。如果称赞男孩体格好，父母就会马上说："他就爱运动，不爱读书。"称赞女孩字写得秀气，父母可能会回答："还可以啦，但是数学太差了。"父母就是无法陪着孩子好好接受他人的赞赏，非得在人前贬损一句才过意得去。

我曾经在一家外商公司工作了一段时间，常常接触美国来的工程技术人员，当时我大学刚毕业，那些美国人有的已经四五十岁了。有时谈起他们的子女，他们常会说："我有个好女儿(儿子)，我非常以她（他）为荣。"我当时听了很惊奇，在我的成长岁月中，父母从来不会跟外人，当然更不会当我的面，表示他们以我为荣。事实上，我始终听到的都是做得不够好的缺点，而从来不是做得好的优点。即使已经成人，我也很努力想让父母放心，甚至开心，但是，总不确定他们是否真以我为荣，所有的认真努力能否弥补他们没有儿子的遗憾。我这一生都无法确定此事，因为他们从来没有具体表示过。这对我自信的影响至为深远，更对我们的亲子关系影响巨大。

亲身经历的痛苦使我在成为母亲后，对此十分自觉，我的第一个孩子是女儿，因此，我更不希望她遭受与我同样的痛苦，我非常有意识地给予她足够的赞赏与肯定，她具备了健康的自信，学习更为快速有效，继而得到更多的赞赏与肯定，形成了良性的循环后，一切发展似乎都轻松自然。她的各方面表现出色，而我们的亲子关系则水乳交融。

从事卡内基训练的工作后，我更深刻体会到中国人吝于赞美的深层原因，及其带来的损失。儒家的种种礼教有其影响，我们在此不予讨论。其实，赞赏是有方法的，需要学习与练习，而绝大多数人对此均不予重视或一无所知。有一次，有一位成人学员分享道："我从来不知道赞赏还需要学习，更不知道还需要练习。"确实如此，一般人都小看了赞赏，认为不过是说几句好听话，对成人，常听到的赞赏是："你真好！"对小孩，父母最常给予的赞赏是"你真乖"等等不着边际的好听话。在卡内基课程中专设一堂课，传授正确的赞赏方法，并在讲师的指导下现场演练，再加上要求学员回去实际应用，并回到教室跟全班同学口头报告其过程与心得。

空泛与不真诚的赞赏都如同伪钞，看起来也许非常逼真，但却是无法使用的。不恰当的赞美，则令接受的人感到尴尬，授受之间都不舒服，这渐渐形成了恶性循环，由于不知如何有效赞赏，还不如不赞赏来得安全，接受的人的态度，也常令赞赏者后悔自己做了这件事。因为，大部分人听到赞赏都很不习惯，不是推脱不受，就是说道："没有啦！哪有！你太过奖了"，或甚至追问："别来这套啦！你有什么要求就直说吧！你今天吃错药啦？"

我们中国人的社会及家庭中，批评总是多于赞美，否定多于肯定，实在令人感叹！

现在，让我们先探讨父母如何借助有效赞赏，来奠定孩子自信的基础。以下有几个有效赞赏的重点：

1. 赞赏必须有针对性，避免空泛

赞识只有具体有针对性，才能让孩子了解，是哪件事情的行为或态度

受到赞扬与肯定，这会增强他更乐意表现出这种态度或行为的意愿。现代心理学之父威廉·詹姆斯（William James）说过："人人心中，无不渴求赞赏与肯定。"扪心自问，即使已经成人的我们，难道不是同样渴望获得赞赏与肯定吗？我们都愿意多做那些能够得到奖赏的行为，因为赞赏就是一种最好的奖励。因此，赞赏应以具体的态度及行为为对象。

自从我养了一只金毛犬之后，我对于这一点体会更深。要教会它做一个动作，有两种选择，一种是惩罚，一种是奖励。所有驯兽师无不异口同声地表示奖励比惩罚有效多倍。身为万物之灵的我们，其实在学习上没有差别，在受到鼓励的环境下，即使成年人也学习得更有效。我们从事卡内基沟通与领导能力、情商能力培训多年，更能证实人们只有在开心正向的氛围中才能打开心扉，愿意改变自己的行为习惯，学习新的行为，这是成人行为能力培训的首要条件。很多学员反馈只有在卡内基教室中不会打瞌睡、无聊、厌倦，而且真的能带来改变。

如果父母期望孩子帮忙家务，就要从孩子幼小的时候，运用赞赏的原则，把家务当做游戏来玩，并且在他做对的时候好好夸奖他，做不对的时候帮忙他。要诀是，你奖励的是他做对了的良好行为，而非增强他错误的不良行为。

2. 有效的赞赏分为三个层次

按照卡内基对于赞赏行为的研究，发现赞赏通常可以分为三个层次，每个层次都有其意义，但是越往内越深刻，激励性也越高。

第一层

　　一切外在事物，如外表、打扮等都是可以赞赏的，这并没有什么不对。在目前这个讲究视觉的时代，孩子对于自己外表的自信也是很重要的，对于自己服饰品位的培养也从来不嫌早。注重自己的装扮是一种社交礼仪，应该从小抓起。因此，让孩子知道自己外在形象的特色（不一定是貌美）就能让孩子增进自信。青少年时期，其实孩子非常在意自己的外表，即使大人再三强调外表不重要也是无法让人信服的。男孩往往在意自己太瘦小，身高不够，胳膊不壮；女孩则在意自己眼睛太小，肤色太黑，太胖太瘦，这都可能是他们的心结。他们也会很在意自己的穿着打扮。曾经有一位14岁的女孩，出门时一定要穿一双脏得不得了的球鞋，可是妈妈把它拿去洗了还没干，女孩就气得发脾气，大吵大闹。因此，善用第一层次的赞赏，可以帮助他们找到自己的特色，度过这一段生理上比较尴尬的阶段。

第二层

　　所有他已付出的努力，无论是否达致成果，都是最好的赞赏标的。单单是父母注意到了孩子的努力，就已经是一种激励了。更何况肯定其过程与成果，更如一剂强心针，令人振奋。

　　强强是个初中一年级新生，其他科目都很不错，就是不喜欢英文。但是父母特别在意他的英文成绩，因为他们考虑以后让强强出国接受教育。但越是要求、督促，却越遭到反抗。暑假里强强没有什么特别安排，父母就帮他报名了卡内基青少年班，有趣的是，几天后，妈妈就注意到强强早上起床后先念英文，这和以前拖到最后，不得不拿起英文课本完全不同，妈妈了解此时增强的重要性，就很开心地跟强强说，这样好极了，你已经学习到如何排出优先顺序，先念好英文，再做其他功课，反倒轻松些，强强回答，在卡内基教室中向大家作过承诺，要对念英文发挥热忱。妈妈那几日特别注意此事，并提醒自己要变着方式来鼓励他。培训结束新学期也开始了，强强第一次英文考试就取得很大的进步，这是他努力得来的结果，一家三口出去小吃了一顿，作为强强努力的奖励。强强有了成功的经验，就不会再对英文怀抱敌意或恐惧，也就将学习英文这件事纳入了一个正向的增强，避免了恶性循环所造成的不良后果。

要想做好第二层的赞赏，首先，父母必须对孩子的行为、态度多加留意与观察，找出即使最为细微、不易察觉的改善，针对这个改善了的行为加以肯定。很多父母都会觉得，他本来就该做该念的，即使有一点小小的改变，也不以为意，甚至会风凉地说："这有什么了不起？我当时还如何如何呢！"其实，这时父母已经错过了许多可以赞赏肯定孩子的机会，无法推动孩子朝向良性循环前进，殊为可惜。卡内基领导力金科玉律就说："只要稍有改进，就要给予赞赏，赞美要诚恳，嘉勉要大方。"赞美何须吝啬？具体有针对性的赞赏从不会太多或太过，嫌太多的倒是不着边际的空泛夸奖，例如："好乖"、"很听话"等等。

第三层

指的是个性特质。本来这是很抽象的，但是配合第二层的行为，就可以言之有物了。例如强强接受培训时，在班上向卡内基同学作了承诺，要更有热忱地主动多学习英文，回去真的就采取了行动，这显示了他拥有

"重视承诺"的特质。守信是多么宝贵的特质，强强虽然还是个孩子，却已经拥有这种未来成功的品格，重承诺也表示他的负责任，负责任更是一项非常重要的个性特质。因此，第三层次的赞赏，直指一个人的核心价值观，对于孩子未来的成长起到重大的影响。绝对值得父母善加运用。

3. 赞赏不是表扬，尽量掌握一对一的原则

赞赏当然可以与表扬一起运用，表扬是比如在饭桌上当众提出孩子的优点，得到大家的赞许。赞赏多半只是一对一的。两种各有其功效。从事人际关系的工作多年后，我们深深相信没有什么关系比得上一对一的亲密关系。孩子与父母的三人关系，跟孩子与父亲或母亲的一对一关系是不同的，孩子对父亲母亲各有其心灵需求。能把握好，就能有更多机会影响孩子。

以强强为例，一家三口在一起时可以表扬他，私底下妈妈当然可以再给予肯定及期许，而爸爸也可以创造父亲与孩子一对一互动的机会。终究，每个人与母亲的关系，并不等于其与父亲的关系，这本来就是两份个别的关系。这是每位父母都需要努力经营的。疏于或懒于经营，只会丧失自己对孩子的影响机会。

4. 有效赞赏需要提出证据，而只有保持正向的眼光，才能辨识出这种证据

中国人很不习惯赞赏，讨论到这个部分，很多学员都会觉得彼此疏于

赞赏的原因很多，随便举几个就包括下列几项：

——视为理所当然

——做得不如我好

——不知道怎么赞赏

——怕孩子得意忘形

——最怕被误解，以为是示弱的表现

——找不着有啥可称赞的 (真悲哀！)

为了孩子未来的幸福，帮助孩子养成健康的自信心与自尊心是先决条件，因此，大家一起来努力，对孩子作出有效的赞赏吧！请学习并练习有效地给予孩子真诚的赞赏，因为赞赏就像自信的维生素，不可或缺，但是必须用之有方，才能克尽全功。

卡内基亲子金科玉律第二条：

给予真诚的赞赏

第二十七条：

只要稍有改进就给予赞赏

犯错时信心最脆弱 ——对孩子自信的再保证

我们惯于忽视正确良好的行为，而只注意偏差的行为。

有一个小男孩很顽皮，常给他爸妈找麻烦。有一天，他特别乖没出任何岔子，上床时妈妈跟他道晚安后就关灯离开了，过了一会儿，妈妈经过他房间时，听到他抽泣的声音，妈妈很惊奇，进房问他怎么了。小男孩说："难道我今天不是一个乖小孩吗？""是的，是的，是个乖小孩。"但是妈妈却忘了当面肯定他。

通常，孩子只有做错事的时候，才会得到父母的注意，否则常常得不到父母的关注，这是父母教养孩子的通病。以至于有的孩子情愿被打骂也想得到父母的注意。我们惯于忽视正确良好的行为，而只注意偏差的行为。

多年前我在新加坡担任卡内基区域负责人时，就发现在新加坡这个以英语为主的国家，培训授课也多以英文进行。除了原本就以英语为母语的白种人，以其他语言为母语的华人、马来人、印度人都是在学校及工作场所才说英文，回家还是讲自己的母语。但是，最挑剔讲师英文功力的，往往不是以英语为母语的人，反倒是以英语为第二语言的人。

当我们讲母语时，几乎没有人逐字逐句地推敲，以确定用字或文法上没有错误。其实，语言自有其生命，总是不断在演化。但是学习第二语言时，人人在意的已经不是怎么使用，而是如何才能不犯错。因为英语是需要考试的学科，写错了会扣分的，人人都养成了纠错的习惯，并且以纠错为己任。这个情况让我深有体悟，人们多么容易只注意错误，而彻底忽视绝大多数的正确部分。由于这种心态，以至于甚至忘了语言只是沟通的一种工具，而并非沟通的目的。这使得在新加坡学习英语绝非一件愉快的事。几乎人人都是在自信不断受到打击的状况下，勉力学习的。

在人类社会中，都有一套约定俗成的行为规范存在。目的是让人们在社会上，能相处、互动得更为顺利。因此，行为规范是达到社会和谐的工具，它本身并非目的。孩子在行为上有偏差，将会影响他在社会上与人相处。因此，父母应该帮助他改正错误，养成良好的行为习惯。如果掌握住这个理念，就不会带着放大镜只管纠错，而对于其正当的行为予以忽视，结果是孩子不再增强其良性行为，而是尽量避免不被认可的行为，处处谨言慎行唯恐犯错。但求无过、不求有功的心态，绝非社会国家之福。

若兰是个很乖巧的女孩，常常帮忙妈妈做家事，客人来了还会帮忙上茶。这一天杯滑水烫，没拿好，杯子掉到地上，弄得一地玻璃碎片，茶水、茶叶到处都是，若兰有点吓到了，一时傻立在那儿，手足无措。妈妈觉得在客人面前特别难堪，拿若兰出气："看你笨手笨脚的，端杯茶也不会，成心给我找麻烦，待在那儿干吗，还不快去拿墩布把地清理干净！"若兰又委屈又自责很想掉泪，不过时候不对，还是先把地拖干净吧！

其实，若兰为客人上过很多次茶，绝大多数都没有失手，母亲却从来没有肯定过她。可是，只要有一次出了糗，就被在客人面前责骂。这表示父母亲认为孩子做对是应该的，只要有一次出错，就算前功尽弃。

孩子无意间失手，自己也觉得很难堪，多半已经开始责备自己怎么这么不小心。此时孩子的自信会骤然跌落到谷底，而母亲的责备无疑是更沉重的一击，把原就沉落的信心，再往下压深一点。加上又是在客人面前，敏感的孩子更觉得脸面尽失。这种看似生活小事，多发生几次，对于孩子的自信却有长远实际的影响，远远超过成人的想象。

其实，孩子犯错时，父母固然有责任辅导他们纠正其错误。可是，我们要弄清楚纠正错误的目的到底是什么。而不要轻易地以孩子的信心作为代价。在卡内基管理课程中，面对他人犯错时，应注意下列几个重点：

1. 避免任意发泄情绪

这多半是无意识的，很多时候孩子的错误，也许刚好点燃了父母原先就压抑的某些负面情绪，譬如夫妻间的争吵斗气，于是就在一个小小的行为偏差上发作得很大。如果你面对孩子犯错时，就只想借此发作长久压抑的情绪，那就太糟糕了。由于父母不能认识自己的情绪，也无力控制自己的情绪，不但无法教导孩子改正错误，更遑论补救孩子受伤的心灵。由于孩子的行为往往反映父母的行为，因此，这个孩子未来在情绪控制上，很可能跟父母一样无法自觉及自制。还有一个可能的后果是，为了避免被父母的怒气所伤害，孩子以后再犯错时，只有选择逃避掩饰，尽量不要被父母发现。如果被发现，就尽可能地推卸责任，怪罪别人。这些后果可以在不胜枚举的社会新闻中看出端倪。因此，纠错的第一步是控制情绪。

2. 教导他认清偏差与错误

这个部分很重要，但是，不要忘了，任何人无论年龄大小，多半知道自己犯了错。我们在此针对的是青少年而非幼儿。如何具体指正其错误的行为，我们将在第五章第三节中专门讨论。

到了青少年期，已经很少有人犯错而不自知，自知犯错后其信心已然低落，甚至产生自我怀疑。为了自保及避免自己受伤害，通常会作出两种反应：一是攻击，二是逃避。任一种心态下，他都是处于自我保护的状态，无法打开心门。因此，如果不能先赢得对方的信任建立安全感，你所给予的教导可能只会是过耳东风。对方只求尽快脱离窘境，听不进去你所要说的话。

要让他真正认识到错误的本质，首先必须消除其恐惧或自惭感，而非增强它们。

然后设法取得孩子的信任，再通过沟通技巧，让他了解并同意他的行为错误及偏差。

3. 设法让他从错误中学习

与上一点不同的是，这是着眼于未来的，而不是一味对于过去已经犯下的错误咬住不放，甚至穷追猛打。父母如果够理智，一定会同意，纠正错误的真正目的在于让孩子有机会了解不符合家庭、社会规范的行为及其后果，并能从错误中有所体悟，避免未来重犯类似的错误。正确的管教，应该让孩子内化这个经验，以后能举一反三。事实上，父母不可能把所有不该犯的错误都一一教遍，人生中，有许多错误的行为，是需要一个人的内在觉悟的。

4. 最重要的一步，是重新保证孩子在父母心中的价值。

　　前文提及犯错时，孩子也会立即察觉，因此产生自我怀疑。父母指正的内容要针对其行为、事件本身，千万不要针对其本人的个性或价值予以攻击。以若兰为例，妈妈的指责已经完全是人身攻击，若兰对母亲是100%地信任，因此，妈妈认为她笨拙，啥事都干不好，潜意识中她一定相信妈妈对自己的评断。当妈妈指责她给自己找麻烦，这完全违背了若兰原来想为妈妈分忧解劳的出发点。现在若兰百口莫辩，相信妈妈不会喜欢不够机灵的自己，自己在父母心中的价值感就此一落千丈了。因此，父母适时地给予再保证，就能挽救此时孩子摇摇欲坠的信心与价值感。

　　父母应为孩子的人生导师，而人孰能无过？父母能先控制好自己的情绪，认清孩子犯错时的心理状态，多用点心思与沟通技巧，才能帮助孩子在错误中得到收获，而更为重要的是，一定要记得处理孩子失落的信心与价值感，他最大的担心就是父母不再喜欢犯过错的他了，觉得他很差劲，不值得父母疼爱了。孩子的这些担心又完全无法对父母说出来，只有依赖情商健康的父母耐心引导，向他重新保证，父母所不认同的是他偏差的行为，而不是他这个人本身。这是创造他心理安全感最重要的前提。

因此，面对孩子的错误，先让自己平静下来，沉住气，提醒自己处理这个过失希望达到的真正目的是什么？采取什么方式最能克尽全功？最后，千万不要忘了给他信心再保证，他在你的心目中还是像以前一样重要，你对他的爱丝毫没有因此而打折扣。

身为家长，我们都需要换上一副新的眼镜，能够看清孩子拥有的优点与潜力，当孩子犯错时，除了指正错误外，更重要的是立刻为他低落的自信注入一剂强心针，向他的自我怀疑宣战，再度保证他在父母心中的分量，不会受到这个错误的影响而有任何降低。

卡内基亲子金科玉律第十八条：

尊重孩子的想法与愿望

第九条：

衷心地让孩子觉得他很重要

✳ 修补孩子受到伤害的自信

> 父母无法控制孩子在外面的际遇，发生在孩子身上的不见得都是增强信心的好事，事实上，在学校，各种挑战或伤害都可能发生。当孩子受到伤害时，他唯一可以依赖的就是父母的接纳与疗伤了。

就算父母尽心尽力地培养孩子的自信与自尊，但是，我们无法永远将孩子置于自己的羽翼下。真正的竞技场是在学校与社会，而不是在家里，所以，当我们很早把孩子送到幼儿园开始社会化的进程时，也就不能保证孩子的自信心不会在外面受到伤害了。

但是，一旦得到了父母足够的肯定，孩子就像是得到了初生婴儿来自母体的免疫力一样，比较能够应对外来的病毒。但也像流感疫苗一样，由于病毒变异速度极快，每年都有新的混合流感疫苗出现，可以帮助人们避免感染上新的病毒。因此，父母能够辅导孩子从跌倒处再爬起来，重拾信心，随时补强，这对于进入未来社会丛林中求生的孩子来说，就准备得比较充分也更有力量了。

我曾在报纸上看到这样的报道，在一个讨论以"尊重"为主题的教育论坛上，有一位来自北京通州地区的老师提出了自己的事例作为分析的材料。在学校的一次歌咏比赛中，因为想追求整齐的舞台效果，音乐老师提议，不要让班上一位患小儿麻痹症的学生上台表演。当时担任班主任的老师也就同意了。但是，事后他自我检讨，觉得对于那位学生一定造成了心灵的伤害，因此，将自己的事例在论坛上提出讨论。我很佩服这位老师的道德勇气，更希望他能当面一对一地去向这位学生表示歉意，真正帮助这个学生重拾信心。

这是个典型的例子，父母无法控制孩子在外面的际遇，发生在孩子身上的不见得都是增强信心的好事，事实上，在学校，各种挑战或伤害都可能发生。当孩子受到伤害时，他唯一可以依赖的就是父母的接纳与疗伤了。不过，前提是孩子必须能全心信赖父母，不怕把自己受到的委屈向父母倾诉。如果没有信任的基础，孩子可能由于担心被父母指责（例如，一定是你不乖或是表现不好，老师才不让你上台等等各种不问青红皂白的抢白，反倒给孩子带来二次伤害），不愿意告诉父母自己觉得很丢脸的事。

如果亲子关系够扎实，孩子回来哭诉所受到的委屈，父母的处理就非常关键了。除了再次保证孩子在自己心中的价值与分量，不受外人看法的影响，也要趁势教育孩子别人的看法（包括老师、领导等具权威地位的人），都不应该影响我们对自己价值的肯定与信心。我们可以伤心，可以失望，但就是不能相信别人对自己的贬损是真的。

美国罗斯福总统夫人安娜·埃莉塔·罗斯福，从小出身于一个上流社会世家，母亲极具交际手腕，但是罗斯福夫人从小就相貌平庸，甚至可以说长得很不好看。因此，母亲出去应酬总是只带貌美的姐姐，甚至家中来了客人，向客人介绍孩子时，对她的介绍也总是草草应付了事，然后就打发她回到她自己的房间，不愿意她留在客人眼前太久。但是，罗斯福夫人却完全没有在这种不受钟爱的情况下自暴自弃，她的名言是："除了你自己，没有任何人可以让你自卑。"她能从这种或多或少的伤害中建立坚强的自信，令人非常佩服。

这正是父母应该灌输给孩子，关于决定自己价值的最重要观念——**除了你自己，没有任何人可以让你自卑**。

自从我的长女诞生后，我的母亲就全心全意地爱着我的女儿，我儿子小女儿3岁，我母亲觉得我的儿子远不如我女儿聪明可爱。她自己没有儿子，这件事带给她一生的痛苦，因此她看待男孩有一种奇怪的偏见。可是工作繁忙的我，总免不了让孩子放学后，先到姥姥家做功课，等我回去一起吃晚饭。母亲理智上也不是不了解，男孩多半发展得比女孩慢，尤其是语言能力方面，儿子在姥姥、姐姐面前几乎没有说话的机会。我心里很难受，儿子必须忍受这些不公平的待遇。有一次陪儿子就寝，他忽然说："姥姥说我很笨！"我听了心中一惊，当时尽量安慰他，姥姥年纪大了，只是说说而已，不是真的。过后，我找了一个母亲情绪比较平稳的场合，好好跟她说明这种批评会对儿子造成自信方面的伤害。她当时未作任何表示。可是，过了一阵子，有一天我儿子告诉我："姥姥说'说你笨，你就笨，你还敢去跟你妈告状？'"

我当时也为无力保护儿子不受姥姥的偏见所伤害，而难过了很长一段时间。最后，我只有希望帮助儿子修复他所受到的伤害，告诉他必须了解在这个世界上，有时候是会受到伤害的，也许这个伤害就来自自己的亲人。受到伤害很无奈，但绝不表示必须照单全收。我们有能力肯定自己、修复自己、提升自己，让自己活出最好的自己。不要因为别人的刺激就自暴自弃。我的儿子后来在美国拿到企业管理硕士学位，现在在纽约有一份很好的工作。我以他为荣，更以他能超越过去加诸在他身上的不公评论而欣慰，如果姥姥还在世，也一样会以他为荣的。

父母的保护不能无远弗届，你只能期望孩子能够信任你，给你机会去帮助他处理受到的伤害。如果在某些场合中，连父母也帮助不了时，就必须让孩子知道你对他有信心，你相信他拥有自我调适及自我提升的能力。假以时日，你对他的信心，终究能帮助他疗伤止痛，活出他自己的新生命。

卡内基亲子金科玉律第三条：

引发他心中的渴望

第四条：

真诚地关心他

第九条：

衷心让他觉得他很重要

第二十八条：

给他愿意全力追求的美誉

帮助孩子面对自己的弱点 ✳

> 各界成功的人士都有一个共同点，那就是他们只专注于
> 自己的所长，不过分在意自己的弱点。因为弱点必然存在，
> 永远无法完全消除。

多年前，我曾翻译过一本有关"优点理论"的著作——书名是《飞向成功》，作者是美国内布拉斯加大学的心理学教授——唐纳德·克利夫顿 (Donald O. Clifton) 博士。为了说明普遍存在的全能教育问题，他用了一个有趣的寓言来作比喻。

在一个以全能为目标的动物学校中，所有动物都必须参加所有必修课程，包括跑步、跳跃、游泳、攀爬，甚至飞行。一只满心期盼可以上学的小兔子，在父母高度的期盼下去了学校，兔子父母的期许可以理解，因为它们从来没有上学的机会。兔子高兴地到了学校，第一节就是跑步课，小兔太快乐了，它撒腿就跑，老师很称赞，纠正了几

个小动作，使小兔相信自己一定能被训练成超强的飞毛腿。

可是，第二节居然就是游泳课，小兔不喜欢水，它甚至想不起来曾经把自己的毛沾湿过。恐惧令它作呕，但是老师认为正因如此，才更应该突破自我。小兔被迫下了水，但是它不但不能游泳，而且立即沉了下去，老师只得把它捞了上来，其他同学看到这么一只湿淋淋的兔子，无不笑得前仰后合，小兔觉得丢脸极了。

小兔在飞行课中，还被要求爬上一棵树，从树枝上起飞，小兔完全崩溃了。它哭着逃离了学校，准备接受父母失望的眼神。

钻研物种演化的学者曾经说，在大自然界，通才是不具备优势的。能够通过进化所存留下来的各种物种，几乎都有各自的生存强项与独特性，而且这个强项随着环境的变化，也不断在演进着。

看来只有万物之灵的人类有这种奢侈，可以容许通才的存在，甚至不断在学校教育中培育着通才。

考试教育体制，使得学生不能放弃任何一个学科，即使最弱的科目也必须达到一定的水准，才有可能考入理想的高校。要想离开主流另辟蹊径，实在需要极大的勇气。

可是，时代变化快速到令人难以预测未来，现在热门的科系难保几年后不会突然需求衰退。原来冷门没人要念的学科，也可能咸鱼翻身成了香饽饽。谁能预知未来呢？

因此，作为现代父母，只能掌握不变的重点，那就是只要掌握了一个人的兴趣及专长，就算捧不上金饭碗，也能创造出自己的社会价值，得到相当的物质回报。更重要的是，他会对自己的工作保持激情。当有些人无奈地做一天和尚撞一天钟时，他却能从工作中得到极大的满足感与幸福感，这种情况很可能发生在当初不被人看好的例如厨师、面包师、美容化妆师、室内设计师等工作上。如果父母放弃拼命削足适履、截长补短地把孩子纳入一个模子里，放弃强迫他一定要追求高学历，或者一定要念理工科，其实，什么成功的可能性都是存在的。

最近台湾出了几个各行业头角峥嵘的年轻人，其中包括：为美国第一夫人米歇尔·奥巴马设计就职典礼晚宴礼服的吴季纲；以编织毛线服装得到国际大奖的古又文；掀起魔术热潮的刘谦；至于较为年长的漫画家朱德庸、国际大导演李安等等则早已享誉许久。他们对于适应台湾填鸭式的考试教育，相信都有过泪迹斑斑的历史，要在非主流的行业中出人头地，谈何容易。李安的父亲是学校校长，但是他的学习成绩却无法为父亲增光添彩，李安心中所怀的歉疚感，甚至在其作品中都常有所影射。有的人较为幸运，即使学习成绩不佳，但是父母还是愿意支持他发展特长，朱德庸曾经在采访中提到其父趁着工余时间，为他在小本子上画好六格图的线条，让朱德庸只需在格内画上漫画即可。朱德庸日后成功了，对其父的感情当然极其深厚并充满感激。

各界成功的人士都有一个共同点，那就是他们只专注于自己的所长，不过分在意自己的弱点。因为弱点必然存在，永远无法完全消除。不要说运动员可能某些学科成绩不太理想，就说其本身所擅长的运动项目，即便是顶尖的运动员也必须接受自己的弱点，倾全力加强自己的强项，才可能取得佳绩。任何优秀的运动选手，都无法避免各自的弱点，但是其优点早已强大到可以弥补其弱点之不足。

帮助孩子面对自己弱点的正确态度，就是——发挥自己的强项，使得弱点微不足道。只要瑕不掩瑜，那他就还是一块美玉。

即使世界一流的棒球打击手，其打击成功率也不过三成多，NBA的明星球员投篮命中率只有四到五成。他们显然不会因为这样就认为自己不够好，如果只把注意力集中在缺失上，他们就不可能有信心继续在该运动中表现杰出了。

认清楚这一点，父母的责任显然不是帮助孩子成为全能与全才，因为不论父母如何期盼自己能生一个天才，也应该在理智上认识到没有人(包括自己家中的龙凤)是全能的。因此，父母的责任，是尽量创造机会去发掘孩子的特长及兴趣，通常这两者是紧密结合的，并尽可能支持他追求他的理想甚至梦想。随着他的优点日渐强大，他的缺点将显得越来越无足轻重。

如果父母无法正确面对自己的弱点，他们要面对孩子的缺点时，可能在理性上会更显困难，万一两代具有同样的弱点(这是极有可能的)，那就更令人难以接受了。因为父母总期望孩子能比自己更优秀，结果自己身上的缺点，居然在孩子身上来个翻版，很多父母会想尽一切努力改掉孩子的该项缺点，最后可能发现收效甚微。

心理学家曾作过研究，认为人的性格中，优缺点比例约为85：15，也就是人人都会拥有85%~90%的优点及长处，也都一定会有约10%~15%的缺点及弱点。这就像我们去意大利餐厅用餐，点了一客比萨饼，当比萨送上桌时一看，圆形比萨少了一块，我们肯定非常不满，为什么缺了一角？纵然只缺了10%~15%，却觉得特别碍眼。许多人的态度也是一样，甚至包括对自己，总是关注缺失的那一块，而不是眼前拥有的85%~90%的绝大部分。不过，更遗憾的是，大部分的人终其一生，都无法完全开发并使用自己85%的优点与长处，那么我们又何必过分在意那个相对极小的缺陷呢？

喜欢欣赏音乐的爱乐者都知道，一个演奏家之所以伟大，不是因为他能把每一个音符都精确无误地演奏出来，那只能成为乐匠，而是他对作品的诠释与感悟所产生的感染力。俄国钢琴大师霍洛维兹，一直公开演奏到八十几岁，有时漏了一两个音符，从来没有减损他钢琴泰斗的崇高地位。

西方父母的教育方式，常是选择性地忽略孩子的弱点，由于忽视，结果该弱点反而不会一再被放大，成为孩子发展的绊脚石。中国人来到西方，会发现左撇子远比中国人多，其实是因为中国父母认为这是缺点，强行要孩子改正过来，而西方父母通常不会这么做。

帮助孩子认识及接纳自己的弱点，再设法改善它。**千万不要因为缺点，就抹杀了他们真正拥有的优点。因为能令一个人成功的要件，是他的优点，而不是他的零缺点。**

✳ 建立孩子自信的核心——价值感

> 价值感，也跟自信一样，很容易受到动摇，许多看似无足轻重的言语批评、指责或孩子犯错时受到人身及语言暴力的攻击等等，都会动摇孩子的自信与价值感。因此，父母不可不慎。

我的一位闺密，大学毕业后就出国留学，她与大学恋人在美国成婚，当时两人都是穷留学生，不敢生小孩，因此长年采取避孕措施。直到多年后，她觉得可以生养了，可是却发现一直无法受孕，经过各种努力后，仍然不成功，她决定领养小孩。很幸运的他们领养了一个可爱的女婴，全心全意地抚养这个孩子。可是孩子在十几岁后变得非常叛逆，不肯好好接受基础教育，很早就开始结交异性朋友。本来这在美国也很平常，只是这个女孩爱上的对象，不是大上十几、二十岁，就是有酗酒问题，或是不好好念书、工作又不稳定的男人。做妈妈的为此经常失眠，不知如何才能帮得上忙，防止女儿走向失序混乱的人生道路。我不明白，为什么好好的聪明伶俐的女孩儿，不愿意开发自己更大的潜能，追求更美好的人生？有一次谈话中，我这位好友提及，她认识不少领养家庭，都有类似的问题。我很惊奇，问她是否想过原因何在？她的回答令我震惊，她说："是自尊(Self-Esteem)的问题"。由于美国领养家庭，多半会在孩子探索自己怎么来到世界的问题时，第一时间就告诉她真相。当时她的孩子才刚上幼儿园不久，有一天放学回家，很得意地告诉妈妈："我知道我是从哪儿来的！我是从你肚子里出来的。"这时，对这一刻早已有所准备的妈妈就蹲下身来，看着她的眼睛说："不是，你不是从妈妈肚子里出来的。"她们沉默地对望了一会儿，妈妈问她："那你知道自己是从哪儿来的吗？"孩子点点头，回答："我是从别的女人肚子里出来的。"直到今天，朋友的女儿还是想要寻找亲生母亲，不为别的，只是寻找自己生命之源，以便确立自己生命的价值吧！听完这件事，我很感慨。要能建立起自己人生的价值，对于这样的孩子一定会是一条漫漫长路，比一般人辛苦很多。

我们从小就想要确定自己存在的意义，不断期望从父母那儿得到各种肯定及保证，以再三确定自己的价值，几乎永不厌倦。价值感，也跟自信一样，很容易受到动摇，许多看似无足轻重的言语批评、指责或开玩笑说："你是捡来的！"或孩子犯错时受到人身及语言暴力的攻击等等，都会动摇孩子的自信与价值感。因此，父母不可不慎。

父母要想有效加强孩子的价值感、增强他的重要感，有几个方法如下：

1. 增加孩子的参与感

父母把孩子当宝，似乎什么都愿意为他牺牲，这固然让孩子觉得自己很重要，但那多半是在理性的基础上。孩子当然知道父母只有他这么一个宝贝，因此他也能感觉到，自己在父母心中的分量。但是，除了这个身份上的重要性，除了父母只有他一个后代之外，到底他自己这个人在家中有什么价值呢？如果他成天只是饭来张口，茶来伸手，家里什么事都轮不到他插嘴，什么事也都不用他操心，更不用他动手，缺乏参与感的结果就是无法产生对这个家的归属感，什么事都是父母的事，也只有父母能作决定。而按照心理学家马斯洛的五大需求理论，人只有在得到归属感的满足后，才会产生对重要感的需求。也就是说，当孩子对家庭及父母缺乏归属感时，当然就谈不上会有重要感。

因此训练孩子做家务事看似一件小事，却是从小培养参与感的一个很好的办法。没有固定的最佳时间表，可以从做最简单的事情开始。因为，事情不分大小，只要让孩子参与及帮忙，并且在过程中肯定他的贡献，就会增加他的参与感。不论开始时事情是多么微小，只要能维持他的兴趣，随着年龄渐长，能力渐强，就可以训练他负责较为复杂的工作，他的参与感与重要感也会跟着提升。

可是，刚开始要叫小孩帮忙，确实需要耐心，因为大人自己当然做得又快又好，这个问题对于上班的妈妈总是非常具有挑战性。矛盾的是，孩子小时，妈妈没有时间与耐心教导，孩子长大后什么忙也帮不上，妈妈又自怨自艾了。因此，父母不能忘了身为孩子的领路人，有责任发挥耐心与爱心，培养孩子对于家庭的参与感。有时我看到外国朋友对小孩的态度，也让我心中产生愧疚。他们在孩子非常年幼时就带着孩子到处旅行，使他们习惯接触陌生人。在家中，从很小就开始容许他们在厨房内扮家家酒，妈妈给一些面团，用各种模型做饼干，或做出各种面包，放到烤箱里，不久就能烤出香气四溢的各种小点心，从游戏中轻松学习家事并且让他们很有成就感。年龄再稍长后，妈妈就训练他们在餐桌上如何摆放餐具，很多家事都是在愉快的气氛下学习的。很多家中的决定，尤其是与孩子有关的事，例如帮孩子买衣服、学习用品，甚至家具，就会带着孩子一起前往店家选择，而且店员对于小顾客也都煞有介事，让他对自己所使用的东西有发表意见的机会，这也使孩子们更有拥有感。由于大部分学校不需穿制服，因此，孩子很小就开始练习自己选择穿什么去学校。这些练习，不但增加了参与感，更练习了如何作出选择或决定。

我记得一个美国朋友说自己小时候，爸爸曾经问他，新买的沙发应该怎么摆放比较好，父亲的征询意见，让他觉得自己是家中的重要分子。这件小事，他不但自幼年一直牢记在心里，甚至到了五十几岁还在告诉别人，这充分说明了让孩子有参与感的重要性。

2. 让他觉得这个主意是他想到的

我10岁时，全家搬进了一个新家，当时的居家地面都是水泥地，最流行的也不过是铺上PVC塑料的方块地砖。我的父亲找来工头，他带来了PVC地砖的色样板，有许多颜色可以选择。当时我们的邻居所铺用的多半是单一色系，比起灰扑扑的水泥地已经是大有改善了。令我惊奇的是，父亲把那一大本色样板本交给我，要我选择地砖的颜色。

翻阅那本色样板，非常有趣，主要色系的分类中还有很多深浅的差异。

我十分大胆地采用了一种浅灰色作为主色调，再另外选了一种洋红色与灰色搭配，以产生互补的效果。然后，我又用洋红色地砖设计出几个搭配的花式。客厅除了用洋红色镶边之外，我还在中间用了几片洋红色排列出一个简单的图形。其他房间较小，也就保持简单。我把我的想法告诉爸爸，没想到他立即就找来工头照样施工起来。我们家的地砖一直是左邻右舍赞赏的对象。这件事令我得意了许久，印象非常深刻。后来想起来，我还是觉得不可思议，他自己是个色感很强的人，他为母亲买的衣物几十年后仍旧不退流行。为什么他自己不选色，也不叫我母亲选色，却叫一个10岁的小孩来选呢？可惜他去世得太早了，我没有亲自问他的机会。

一方面，我感觉我在严肃父亲的心目中还是有点儿分量的，另一方面，我对色彩的信心大增，虽然没有受过专业训练，但总是对颜色的搭配乐在其中。尤为重要的是，我真的觉得自己在家中有着不可或缺的重要性。由于这份重要感，后来我也自然承担起整个家庭的生计责任。

3. 善用祝福的力量

在一个偶然的机会下，我发现一本书《祝福的力量》(*Gift of the Blessing*) 加里·斯莫利（Gary Smalley）和约翰·特伦特（John Trent）合著。我随意翻了几页，就看出了兴趣。

很多人都认为华人父母堪称世界上最好的父母，父母为了栽培孩子，什么牺牲都愿意承受，自己缩衣节食省下每一分钱，供孩子接受高等教育（甚至供他完成博士学位）。甚至有家贫的父亲，由于孩子考上高校，筹不出学费供他读书而羞愧自杀的。也有很多夫妻长期"被分居",因为父亲在国内工作赚钱,供给在国外的孩子念书,妈妈还陪在孩子身边照料其生活起居。这样尽心尽力的父母,真的没有哪国人比得上了。难怪在世界任何角落,都有很多因为父母全力栽培而出人头地的华人。另一方面,欧美的年轻人高中毕业后,却大部分是半工半读,或申请奖学金,或向银行申请就学贷款,很少伸手向父母拿钱的。

另一个同样重视栽培子女的民族是犹太人,若观察世界各个行业中的杰出人士,犹太人占着很大的比例。这与犹太父母对子女的栽培,有着密不可分的关联。

令我惊奇的是犹太父母对于教养子女最重要的传统,不是别的,竟是祝福。这个祝福子女的传统,是从《圣经·旧约》中的记载沿袭了2 000多年而来。按照《祝福的力量》书中对于祝福的说明,我发现了与中国父母的期许相较之下,一些有意思的异同之处。

无论什么民族或人种,父母对子女无不充满了美好的祝愿,父母的出发点没有什么不同。犹太父母对子女的祝福,可以分为4个主要的部分:(1)身体接触——覆手、爱抚、亲脸及拥抱;(2)语言——肯定与赞赏;(3)价值的肯定与重视;(4)期许美好的未来。

这4部分的祝福,如果都能完全执行,我们可以想象给孩子带来的巨大信心与力量。当然这不表示所有犹太父母都能完全做到。`

从我这个中国母亲的角度看来,我们心中对子女固然也有美好的祝愿,但是,执行起来却是没有系统,并且不太讲究方法。大部分父母连第一、二项都无法持之以恒。至于第三、四项就更为难得了。

　　我们很少用语言告诉孩子他在父母心中的价值，这种价值是他个人核心价值的一个组成部分，不会因为他做了什么或者没做什么而打折扣的。我自己的成长经验是，如果我的表现让父母满意，我就在他们心中有地位，如果表现不佳，我就要怀疑他们还喜不喜欢我。因此，我在父母心中的价值是浮动的，是需要争取来的，我在这方面很没有安全感，常常怀疑自己是否还有价值。

　　一个人的自我价值感，是他自尊与自重的基石，失去自我价值感，或是价值感低落，带来的心理障碍会极为严重，将影响他一生的人际关系及际遇。

　　书中提到祝福的第四部分是——期许美好的未来，也就是父母运用语言的描述，为子女勾勒出一幅美好未来的画面。这一点对我们中国父母来说，真的颇为陌生。在我的印象中，离别时，或子女结婚时（多半是对出阁的女儿），父母比较会说些祝福的话，可是通常听到的比较像是教诲或叮咛，例如："要好好读书啊！可别辜负了父母"或是"小心注意身体啊！可别累坏了"或是"好好侍奉公婆啊！别让人说你没家教"或是"不许交金发女友噢！我可不要洋鬼子当媳妇儿"等等不一而足。这些话语没有一句是描绘美好未来的，多半只是不放心、忧虑及担心。

　　想象一下，如果我们都能得到父母理想的祝福，我们的人生会有什么不同？我们在学业、交友、事业及婚姻上是否会减少很多痛苦的挣扎？是否会更有信心朝我们的梦想大步迈进？

　　从反面来看，只要想想那些不受父母祝福的婚姻，就不难了解受到祝福的意义了。

　　如果我们做父母的，能够常常运用祝福这种积极正向的语言，无论只是每天送孩子到学校上课，还是送孩子到外地深造，在为孩子庆祝生日的时候，在孩子开始进入职场的时候，在为孩子筹办婚事的时候，对他们描述一个美好未来的期许画面。那会是多么令人向往的亲子关系！

卡内基亲子金科玉律第九条：

衷心地让孩子觉得他很重要

第十六条：

让孩子觉得这个主意是他想到的

第二十八条：

给予他愿意全力追求的美誉

❋ 善用高期许——父母手中的仙女棒

一个教授的儿子可能一事无成，一个农民工的儿子却可能成为学者，难道前者的期许会低过后者吗？显然，还有其他的因素，在影响着期许的成败。

　　皮格马利翁是希腊神话中的一位雕刻家，他一生热爱雕刻，可是到老仍是孤家寡人。他精心雕饰一件女神雕像，花了很多时间与心血，不断地琢磨、修饰与改善，一直到他自己终于觉得这座雕像充满了生命，他才停止下来。

　　他是如此钟爱这座雕像，每天到工作室打开大门时，第一件事就是向雕像道早安，晚上收工时不忘说晚安，有任何的想法或是感受时，他更会自然地向女神像倾诉，就像她是一个有生命的真人似的。这样也不知过了多久，他的真心诚意感天动地，大理石雕像注入了生命，幻化成为美丽的女子，和他共度快乐的余生。

　　这个神话故事第一次被引申到有关领导力的期许理论，是出现在《哈佛商业评论》(*Harvard Business Review*)上，之后，皮格马利翁效应就成为领导能力中期许理论的代名词。

父母身为孩子最亲的人，从孩子出生开始，父母就对孩子抱着各种期许，甚至在怀孕时就已经开始了。整个怀胎9月中，母亲心中不知出现过多少期盼，一个最为基本的期许，就是期望孩子是健康正常的。当医生把孩子抱到母亲胸前的那一刹那，有的母亲甚至认真点数孩子的手指与脚趾，确定它们一应俱全，再看看五官也都该有的都有了，这才真正放下心来。

可是，人的欲望是没有止境的，父母的期许当然也就随着孩子的正常成长，而不断地水涨船高，希望她美丽聪慧，希望她卓越超群，希望他功成名就，希望他……

一般父母的期盼，与皮格马利翁的期许究竟有什么差异呢？

为什么很多孩子，特别是独生子女，却常常因为父母的高期许，而被压得抬不起头来喘口气？国内甚至有孩子称父母亲是祸害。同样是高期许，为什么皮格马利翁的期许得到了感应，而有些父母最后却得到子女的怨怼？有些子女确实因期许而达到客观性的高成就，但因付出代价太大，不见得活得真的快乐，甚至一辈子与父母的关系疏离。台湾曾发生过一起悲剧，孩子在单亲母亲的高期许下，出国留学获得学位后，给母亲留下一张纸条："妈妈，我已经努力完成了你的梦想，求你放过我吧！"然后投河自尽了。他可怜的母亲，也因此成为精神病人，住进了精神病院。

一个教授的儿子可能一事无成，一个农民工的儿子却可能成为学者，难道前者的期许会低过后者吗？显然，还有其他的因素，在影响着期许的成败。

1. 什么是错误的期许？

很多父母的期许，是要孩子完成自己未尽之梦想，而非孩子自己的梦想。如果父母曾经失学，就期望孩子好好学习，最好念个博士学位。但是，现代人的学习是保持学习兴趣，维持终身学习，并非仅指在校成绩。期许孩子好好学习本身并没有错，可是，把分数及排名与学习画上等号就太狭隘了，并且将带给孩子莫大的压力。如果父母要孩子次次考高分，最好满分，期许孩子名列前茅，考了第二名，就以第一名作为期许。当孩子离开学校，进入社会，不再用考试分数来决定胜负时，他的核心优势又在哪里？这种较为褊狭的期许，对于达不到要求的孩子(终究每班只有一个第一名)，只会造成内耗，觉得自己辜负了父母，令父母失望，当然也令自己失望。

如果真能达到父母对名次的高期许，又往往高处不胜寒，同时可能牺牲许多培养其他能力的机会，进入社会难以适应的例子也很多。由于我们的教育方式，还是以背记为主，因此，记忆力优秀、会考试的学生就比较沾光，花费了这么多时间记忆与背诵，通常减少了思考与质疑的能力。优秀的学生进入企业界，通常只是中规中矩，有时往往自我设限，对于现代激烈的商业竞争中所特别要求的创意、大胆改革的勇气却常常付之阙如，有时甚至比不过普通高校毕业的学生。学校教育所培养的能力实在是太单一、太僵化了，好在国内很多优秀的中学，已经注意到这方面的重要性，加重了德育与素质教育的重要性，并改善学生学习的方向与方式。

总之，期许孩子成绩优秀，次次满分，期期第一，是一个可能带来副作用的期许，除了造成孩子太大的压力，更可能只要一次不能满分，未达第一，就形成对自尊的打击。以分数排名取代了人生的意义，向孩子传递一个错误的信息——只要考第一，人生就成功了。作为成年人的我们，难道不知道人生绝非仅是分数与排名？为什么做了父母后，却总是想让孩子闷头念书，别的什么都不要过问，岂非剥夺孩子从小学习"人生功课"（而非学校功课）的机会？

因此，期许孩子第一名、赚大钱、开名车、住豪宅、当大官、做高管、任律师等等，都是较为褊狭的期许，可能成为亲子压力的来源。虽然也有孩子因此而活出期望的成功例子，但大多数都剥夺了孩子自己作选择的机会。

2. 什么是正确的期许？

当我们自问，必须拥有什么样的个性、特质与能力，才能创造幸福成功的人生时，多半可能发现和以前在学校所学的东西南辕北辙。对于一个中年人而言，学校学到的，考试考过的，究竟还有多少跟我们的工作与日常生活有关？更不用提及与我们幸福的关联性了。我们会气馁地发现，大部分的知识我们都忘记了。更何况现在网络上，随时都能搜寻到那些知识。

我们人生所需要的基本知识，大概在幼儿园中，我们就学到了。像是对长辈要有礼貌、对同学要和善、玩具玩过了要收回原位、饭前要洗手等等重要的生活习惯，都是在游戏中学习到的，还能终身受用不尽。

正如美国哈佛大学心理学教授丹尼尔·戈尔曼，在其划时代的著作《情商》（*Emotional Intelligence*）一书中所强调的，他多年的研究实验结果发现，**影响一个人人生成功的80%都来自情绪智商，知识本身只占20%**，而他的研究对象是以企业人士为主的，如果将未进入或已离开职场的人一起纳入统计范围，估计情绪智商所占的比例将会更高。戈尔曼的研究证实了，高智商（通常学习状况较好的人）并非成功的基本条件，拥有高情商，才是人生成功的基本要素。

因此，父母正确地期许孩子，就变得更重要了。我们应该期许孩子的，是在情绪智商方面的发展。我们应该期许孩子长成他最好的自己。当他更有自信并努力成为最好的自己时，学习就会是他童年与青少年生涯中一个应尽的责任，他将在学习方面自我管理、解决困难，这才是孩子在成长阶段中最重要的准备。

父母就像园丁，我们在园中播了种，然后认真地松土、浇水、施肥、给他提供阳光与空气，等着他发芽。但是，我们并不能确定他是株什么植物，也许是一株生命力旺盛的小草，也许是枝叶茂盛的大树，也许是芬芳的玫瑰，但也可能是素雅的幽兰。每一种都对这个世界有价值，也都配享生存的资格。我们拥有这园丁的义务，但并无权力决定他要长成什么样子。我们的工作是，提供条件让他长成他最好的样子，而不是长成我们想要他长成的样子，俗话说"强扭的瓜不甜"嘛！否则，只能造成扭曲与痛苦，而且是亲子双方面的痛苦。

3. 有效的期许讲究方法

对于其他人来说，大理石不过就是大理石，只有皮格马利翁能从一块坚硬的石块中，看出里面隐藏着一个美丽的女子。皮格马利翁从一开始就已经把她当做真人对待，他心中看到的不只是目前的现况而已，而是未来理想的状况。

但是，绝大多数的父母心中期许孩子成器，看到的却是他目前的不足。我们无法像皮格马利翁一样，在心中描绘出孩子的理想画面，我们总是觉得愿景遥不可及。说真的，大部分父母都可能想象力不足吧！再加上过多的担心忧虑，妨碍我们在心中"看到"孩子未来的美好状况。

如果只能看到孩子令人不满的现况，那么我们就觉得无法给予赞赏，只能不断地批评责备。原来出于高期许的推动力，将成为推往挫折及自卑的反动力了。

可怕的是，你越强调他的缺点，其缺点就因你的指责而不断得到增强，在孩子心中，缺点成了不可或忘的重点，优点则惨遭忽视，得不到生长的养分。

期许，固然力量强大；反期许，也同样具有强大的力量，两者都会影响孩子的发展。

报载美国密歇根大学的心理学家做过一项实验，他们找来一些初中一年级的学生举行座谈会，向他们展示了全美各行各业的平均收入水准，高收入的工作例如医生、律师等都是需要高学历的。当天晚上，所有学生都被布置了额外特多的作业。结果，参加座谈会的学生中，完成超额作业的人数，是未参加座谈会学生的8倍。这项实验显示**孩子与成人一样，当他们认为自己目前所做的事，可以影响自己的未来及人生时，便愿意全力以赴。**

这也间接证明了，为什么卡内基学员在订立自己的愿景及目标后，都能在自我期许下，完成原来觉得无力完成的事，例如投入更多时间在自己不喜欢的科目上，或是克服恐惧主动发言等等。可见目标及愿景都是非常有利的期许工具。

而引发孩子自我期许，才是父母期许的最终极目标。

卡内基亲子金科玉律第三条：

引发他心中的渴望

第二十一条：

提出挑战

第二十八条：

给予孩子全力追求的美誉

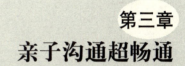

第三章
亲子沟通超畅通

要想亲子沟通超畅通，"怎么说"与"说什么"两者必须整合，才会传递一个有力的信息，否则信息的力量将因两者的不统一而相互抵消，令孩子对你的原意或情绪捉摸不清，无所适从。

✳ "怎么说"和"说什么"同样重要

很多父母把关心变成了担心，造成对方很大的压力，有时候以责骂唠叨代替关爱，把好好的感情，用不符感情的语言，令人难以承受的语气表达，就如同升起一团成分复杂的语言烟雾，令人无法分辨出其中成分是爱还是恨。

　　我住在北京西区的昆玉河畔，昆玉河两旁的绿化带自2008年奥运开始前就规划管理得很好，河边东岸长着一长排高大的杨树，少说也有200年历史。在河畔草地上遛狗是一大快事。每天早上6点钟，我们几个狗主就很认真地出现在河畔，希望我们的狗宝贝们也能有健康的社交机会。大部分人养的都是公狗，比较野性，因此，骂狗声也不绝于耳。有几位甚至常常手中挥舞着狗链作势要抽，口中呵斥着："过来！你给我过来！"我每次都觉得有趣极了。即使狗的智慧远不如人，也知道远远地避之唯恐不及，它怎么可能立刻会回到主人身边呢？它们个个逮着机会就乱跑，任凭狗主喊破嗓子也不回头。这真是太阳与北风故事的真实版。想要人或狗来亲近你，虽然用的句子是"过来"，但是那种口气，只能把人跟狗都一起吓跑了。

　　记得小时候，如果回家晚了就会很担心要被责骂，妈妈总会满脸冰霜高声骂道："这么晚才回来？又疯到哪儿去啦？成天就知道玩，你不知道我一直在担心吗？真是不孝！"我缩头缩脑地躲进小房间。很奇怪，我很少有歉疚感，反正已经付出代价，被骂过了。长大后，当然可以体会母亲一个人在家担心孩子的安全，我现在也能完全体会她对我的关心。从事卡内基工作后，我很遗憾地发现，许多父母虽然都是满腔的关爱，却因为口气不佳而失去了儿女心。于是我要求自己不要重蹈我母亲的覆辙。

　　但是，要想确实表达内心深处真正的感情，也不是与生俱来的能力，它是属于需要学习及练习的情绪智商与沟通能力。

　　有一次，我从离台北100多公里以外的培训教室，开车回台北的家，预计要到半夜才会抵达。虽然我有点疲累，但是心中很愉快，因为当时是暑假，两个孩子都去了夏令营。今晚只有我们夫妻二人，难得可以轻松地说说话，也许来杯小酒吃点夜宵，岂非颇有情趣？

　　车转入巷中，我抬头看了一眼，发现家中一片漆黑，我的心一凉，热血却冲上脑袋。无疑的，我先生早就把握机会自己寻乐子去了，他哪里会想跟我讲什么情调？跟好朋友来上一桌麻将才爽快呢！

　　我气冲冲地上楼，开门进了漆黑的家中，觉得异常落寞。冲澡令我冷静了下来。回想起我的初始念头是想要跟他享受独处时光，并不是想要制止他偶尔打个小牌，当然更不是要跟他吵架或发脾气。如果我只表现出后来的愤怒与不满的情绪，而没有表达出前段内心真正的渴望，这不仅有失偏颇，并且也非真实想法的全貌。

我听到他轻手轻脚地开门回家，想必准备好迎接一场不愉快的争吵吧！但是，我表情轻松地走出房来，先问他牌局如何，再谈及我原来的构想，我们竟然避免了当晚的争吵及未来几天的冷战，而享受了一个相互了解增进感情的夜晚，很愉快！

能够认清自己真正的感觉，并非像表面上所看到的那么容易。很多父母把关心变成了担心，造成对方很大的压力，把称赞变成了讽刺，以显示自己的幽默(或仅只掩饰自己的不习惯？)，有时候以责骂唠叨代替关爱，把好好的感情，用不符感情的语言、令人难以承受的语气表达，就如同升起一团成分复杂的语言烟雾，令人无法分辨出其中成分是爱还是恨。

要想亲子沟通超畅通，"怎么说"与"说什么"两者必须整合，才会传递一个有力的信息，否则信息的力量将因两者的不统一而相互抵消，令孩子对你的原意或情绪捉摸不清，无所适从。

以问问题敲开孩子的心门 ✿

父母用心了解孩子的内心世界，掌握了问问题的能力，才有机会促使孩子整理他自己的思绪，让孩子能渐渐清晰地表达出他们的观点。

2010年10月25日《新京报》刊载，已满50岁的"知心姐姐"对2万多名小学生的调查结果显示，超过七成的小学生心中有事不愿和父母说。这个比例在孩子进入青少年期后，只会越来越高。按照调查，小学生里有26.7%将父母作为倾诉的第一对象，而中学生却只有17.8%将父母列为倾诉的主要对象。父母为什么越来越难让孩子开金口了呢？如果孩子的心事父母一无所知，又怎么能适时地提供协助与辅导呢？

以下这个故事，发生在一个卡内基成人学员身上："我的孩子今年刚上一年级，可没想到，她居然没完成课堂作业。'怎么这么简单的作业你都不会？'我很生气，教训了她，她哭了，后来我静下心来想一想，我是不是也可以用卡内基的沟通方法，与孩子进行一下交流，了解一下她的想法，弄清楚事情的原因。后来我就找了一个时间，与孩子进行了耐心的沟通，我心平气和地聆听孩子的想法，引导她多说自己的感受。我只是作为一个听众，以她为主角。结果我发现，不是她不会做作业，是因为课堂上时间比较短，她没来得及做完。通过这次沟通我们增进了感情，我也能更加理解孩子，她的有些想法我也是第一次知道，使我受益匪浅。我希望可以成为她的朋友！"

报载有39%的父母表示偷看过孩子的秘密，在13岁以上的孩子中，更有58%的父母偷看孩子的秘密，其中1/3还承认经常偷看。偷看的方式包括查看日记、上网记录、QQ留言、手机短信等。这种现象表示，父母没有能力经由正常途径了解孩子的状况。重庆市人大常委2010年7月开会通过《重庆市未成年人保护条例》，规定以后禁止父母擅自查看孩子日记、短信及QQ聊天记录。很多父母表示难以接受，他们认为自己是为了孩子好，才希望借此了解孩子的想法。显然这种不尊重孩子的做法，是引起亲子纷争的重要起源，孩子常因此觉得不被尊重而心生不满。这项规定可说是尊重未成年人权利的一大进步。同时，也再次提醒父母，教育子女没有捷径。了解孩子的方法很多，偷看日记是最方便，但也是最坏的身教。父母如果不尊重孩子在先，又要求孩子尊重他人，岂非言行不一？

父母也许会纳闷，为什么被当成心头肉的宝贝，有心事却不愿意找父母倾诉，情愿跟三两好友，或甚至只以写日记、在网上发表心声的方式来抒发？这个问题往往出在父母的沟通方式上，更为具体地说，是父母很少专心聆听孩子说话，孩子因此渐渐丧失与父母说话的兴趣，另一方面，父母不知道如何提问才能打开孩子的心门，引导他说出心事来。

在知名学者薛涌的一篇文章中提到，四川有个小学四年级的老师，给学生出了一道作文题《危机时刻》，结果收到的作文中，有3/4都是写的如何路见不平、拔刀相助等英勇事迹，这些当然都不是小孩的亲身经历，只是从电影电视或甚至游戏中抄来的，因为小朋友们觉得这个题目就是只有那种大英大勇的事才配得上。该文又提到作者的孩子在美国上小学，老师出了一道作文题是《那件事改变了我的生活》，他的女儿毫不费事地想到一件实际发生在自己身上的事例，由于是亲身的经历，她很认真地花了好几个小时完成了这篇作文，而且不以为苦，甚至还表示把自己的故事写下来是件很酷的事。

"以问问题取代直接的要求"是卡内基领导力原则中非常重要的一条，但是一般人总是觉得知易行难，关键在于"问什么"，更关键的在于"怎么问"。

要小孩想到一个"危机时刻"非常困难，小孩的生活中最好没有危机需要处理，这本来也不是老师的初衷，他的本意是让小朋友想到一些生活中碰到的麻烦，但是用词限制了思考的方向。但是如果要小朋友想"改变了生活的一件事"就会比较容易理解，容易掌握，更容易想到怎么回答。

因此，怎么问，就决定了对方会怎么回答。

一位母亲向我们提起这么一件事：

有一天女儿从学校回来，一进家门就带着哭声对我们说："这次考试太难了，感觉考得特别不好，马上就要高考了，没希望了，怎么办？"那天正是女儿学校进行高考前的最后一次模拟考试。听她一说，我的心里也不免咯噔一下，担心起来，但是想到卡内基培训中提到的一个原则是——以问问题取代直接的要求。再说了，这个节骨眼儿上，父母自己先乱了方寸总是不好，不过如果只说些"没关系"的不痛不痒的话，她也不可能听得进去。于是，我开始问她问题：

"你前几次模拟考试成绩都不错，如果这次依然考得很好，你会不会觉得自己已经复习得很好而放松了呢？"

女儿说："有可能！"

我又问："如果模拟考试很容易，而真正高考却很难，你觉得会比较好吗？"

女儿说："那当然更不好了！"

我说："那好！通过这次模拟考试，我们起码可以得到三点好处：

1. 提醒自己绝对不能轻视高考；

2. 经过了高难度的模拟考试，即使高考难一点，也不至于完全傻眼；

3. 我们还有4天时间可以查漏补缺，也还来得及。

女儿说："妈妈说得有道理。"

过了4天，女儿以非常良好的心态参加了高考，而且在考场中发挥得很满意。

很多人都会觉得提问很难，到底要问什么才能得到事实真相，或至少引导他愿意说出来。提问确实需要用心，并且一定要设法站在对方的立场考虑，才能问出具有影响力的问题。

有位母亲的孩子才3岁，因为她能站在儿子的立场考虑，因而能运用提问的方式，解决了一个不大不小的问题。

她的3岁儿子笑笑平时最不愿意洗澡，每次拉他去洗澡就要大哭一场，妈妈心情好的时候就拿好吃的诱惑他，有时没有耐性，就只有动手收拾他。

有天下班回家，笑笑妈看到笑笑满身泥水汗水，不好好洗澡是不可能的了。忽然她心生一计，决定采用卡内基"用问问题取代直接的要求"来试试看效果如何。

"笑笑，你刚才是不是下雨还出去玩了？"

"嗯！外面雨不大。"

"你看，你浑身上下都弄得好脏是不？"

"嗯！"笑笑低头笑着同意，有点知道犯错了的样子。

"笑笑身上这么脏，变成臭笑笑了，平常你可是香笑笑呢！你还想成为香笑笑吗？"

"想啊！"

"那好，洗个澡就可以变回香笑笑啦！要不要去洗个澡？"我试探性地问他。

没想到，笑笑大声说："好！"，人已经冲进淋浴房开始自己脱衣服了。

有时候，只要用点心，就可以避免很多亲子的冲突或不快，更能帮助孩子找到问题的症结，提供适当的解决办法。

常有父母不免困惑地问，那要问孩子什么问题呢？怎么问，他才愿意开口说出真正的心里话呢？

首先，问题一般可以分为三类：

1. 事实方面的问题

这是我们最常用到的问题，我们总是互相询问对方吃过饭了吗？问孩子冷不冷？热不热？考试考得好不好？几分？第几名？这些问题可以说是人际互动的最基本的谈话资料，缺之固然不可，完全靠它却是建立不起信任关系的。一定要设法更上一层楼，问出感觉方面的问题。

2. 感觉方面的问题

这是我们较少触碰的问题。女性通常比较擅长分享感觉层次的话题，但是男性，尤其是中国男性，由于教养的关系，多半无法触及感觉层次的话题，这也是造成人际互动障碍的主要原因。孩子原来都有向父母倾诉的渴望。可惜的是，父母因为某些原因，没有给他机会表达他真正的感觉。也许抒发感觉后的孩子，发现一切安排仍旧照常，但是，他知道了父母的想法，也明白父母了解他的感觉，就会愿意尽力配合。如果我们以为孩子还小，没有"感觉"可谈，那真的是太小看他们了。我们从小就有各种感觉，想要得到亲人的了解。随着年龄的增长，感觉多半也就越来越细致化了。父母其实有责任帮助孩子认识自己的情绪及感觉，更有责任帮助他们把感觉用语言表述出来。这就是情绪智商的基础。发现情绪智商的现代心理学家丹尼尔·戈尔曼在《情商》一书中说过："一种感觉，如果无法用语言表达出来，就等于无法拥有这个感觉。"

3. 价值观方面的问题

　　一般进入此类话题的谈话，机会可谓凤毛麟角。亲子之间可以利用一起从事某种活动后，例如打球后，甚至玩电子游戏机后，当然最方便的方式是在全家一起看一部电影或电视连续剧时，或讨论报章杂志上的文章，都可以触碰到价值观的话题。例如，与孩子讨论怪物史瑞克拥有什么个性？他的做法是否合乎我们的社会规范？或是以某个历史人物为对象，（例如，曹操是个什么样的人物？）通过这些轻松的话题，父母可以问问孩子的看法，让他们练习表达自己的见解，同时也有机会把父母自己的观念表达出来。不要急着作价值判断，因为这只是轻松的讨论。价值观的形成需要经过潜移默化，是急不来的。构建孩子的价值观，是一件非常重要却一点都不紧急的事，因此，父母很容易就会错失影响孩子品格及价值观的最佳时机。

　　父母用心了解孩子的内心世界，掌握了问问题的能力，才有机会促使孩子整理他自己的思绪，让孩子能渐渐清晰地表达出他们的观点。到了这个关键时刻，最重要的，就是父母所具备的聆听能力了。这就是下一节的主题。

卡内基亲子金科玉律第二十五条：

以问问题取代直接的要求

第七条：

多让他说话

❋ 积极聆听是了解孩子的钥匙

> 孩子渐渐长大，并没有哪个明显的分水岭可以告知家长他思想成熟了，该是认真听他说话的时候了。父母以为可以从什么特定的时间开始改变自己单向沟通的方式，这是不切实际的。因此，最好的办法，是从孩子年幼的时候，就开始掌握双向沟通的诀窍。

管理大师彼得·德鲁克曾经说过："大部分领导人及管理者都是说得多，听得少。"作为父母，更是如此。有一次在飞行旅途上，看了一部好莱坞电影《天伦之旅》(Everyone is Fine)，由罗伯特·德尼罗主演，他饰演一位新近丧偶的父亲，想让孩子回家团聚，大家却各持理由地推拒出席。深感失落的他，决定自行前往每个孩子的住处探望他们，给他们一个意外的惊喜。结果不但没有惊喜，却让父亲发现了他们各自的问题，都是做父亲的他从来不知道的。原来父亲引以为傲的艺术家长子，其实连一幅油画都从未卖出过，却染上了毒瘾；小女儿试图掩盖其未婚生子的现况；小儿子罗伯特则根本不是音乐家，更不是乐团指挥，而只是一个打击乐手。父亲带着更大的失落感回了家，尤其不能理解，为什么他们什么都不告诉他。纵然以前他们确实都是跟妈妈谈得比较多，讲电话也是跟妈妈说得久，但是当时他并不以为意。当他向小女儿提出这个问题时，女儿回答："因为妈妈是个很好的聆听者，而你是个很好的训话者。"

大部分父母都习惯于说教，孩子从小长大，确实有很多事是要由父母来一一教导的。孩子的童言童语，我们很少放在心上，通常也都不当一回事。问题是孩子渐渐长大，并没有哪个明显的分水岭可以告知家长他思想成熟了，该是认真听他说话的时候了。再说每人个别差异极大，有的孩子成熟得早，有的很晚，也许有的一生都未能真正成熟。父母以为可以从什么特定的时间开始改变自己单向沟通的方式，是不切实际的。因此，最好的办法，是从孩子年幼的时候，就开始掌握双向沟通的诀窍。

聆听，正是双向沟通最常被忽略的一种能力，甚至很多人并不认为它算得上是一种能力。终究耳朵是无法关闭的，我们以为聆听就是保持沉默不说话罢了，这是最大的误区。积极聆听是卡内基人际关系金科玉律的第七条，可见其重要性。

但是"积极聆听"到底指的是什么，其中包括那些具体的能力？要想掌握积极聆听的能力，必须掌握以下几个要点：

1. 保持目光交流

当你进入一家餐厅，只要仔细瞧瞧周围，就能分辨出哪两人是热恋中的情侣，哪两人已经结婚多年，哪两人关系冷淡。关键就在于两人的目光交流，感情好的总是在交谈时深深地注视着对方，即使不说话时也喜欢四目相望。当我们回忆起谈恋爱的感觉，就是这种对方时时关注着自己，对自己很感兴趣，自己被全心接纳包容的感觉，就是这种被爱的感觉，令人"衣带渐宽终不悔"，其中眼神扮演着很重要的角色。只可惜，很少夫妻能够持续保持这种行为习惯，以至于两人渐少目光交流，这种现象说明夫妻关系不再亲密，觉得对方是本翻烂的书，了无新意，不值得关注。

目光接触在沟通中所起的作用，往往令人吃惊。一个这么微小的身体语言，却造成沟通结果的重大差异。当我们自己只是因为手上还忙着其他的事而未能注视对方，或者没有看着别人说话的习惯，就会让对方觉得未受到重视，或者让他觉得自己所说的，你不感兴趣或觉得不重要。由于沟通是以对方的了解为准，而非以表达者的感觉为准，因此，我们常会觉得有人说话似乎言不由衷，或者让你觉得不足为信，主要是因为如果没有目光交流，再深情真挚的表白，也都显得苍白无力。

在亲子沟通中，最常见的画面是，年幼的孩子一回家就缠着妈妈说个不停，妈妈也许正在厨房忙着准备晚饭，一面切菜一面敷衍地应付着，或者一面折叠内衣，一面叫他别说了快去做功课，爸爸常是面对着报纸或电视，有时甚至连敷衍都懒得敷衍，理由是上班一天太累了理应休息。

然后，当孩子渐渐长大，父母忽然发现孩子进门只叫一声："妈，我回来了！"就钻进房间，有的还关上房门，他们好像忽然之间什么也不想说了，连问他话也尽量简短回答。这时父母惊觉若有所失，不经意间有什么东西变了质，可能再也追不回来了。

晓君自从上了初中，妈妈就发现很难叫他开口了。

　　"今天在学校好吗？"

　　"还好！"

　　"考试考得如何？"

　　"还行吧！"

　　"有什么有趣的事吗？"

　　"没有！"

　　"功课多不多？"

　　"多！"

　　真的不超过3个字的回答，令人难以继续这种谈话。可是晓君跟同学通电话可以讲上几个钟头，香港人说"煲电话粥"真是太形象了！

　　如果人生能够像看DVD一样倒回去重播，我们就会发现其实孩子小的时候，很喜欢跟爸爸妈妈说自己在学校发生的事情，有时甚至巨细弥遗到了一种考验父母耐心的状况。父母常常在这个阶段，渐渐不再目视孩子专注聆听，取而代之的则是粗糙地应付或随意打发。于是，孩子马上感觉到，父母对自己的事并不感兴趣也不重视，很快地就放弃了主动找父母谈话的意愿。

　　听来令人沮丧吗？好消息是，与孩子沟通时保持目光交流，是一个可以经过练习而改进的行为习惯。

　　现代父母工作忙碌常常分身乏术，如果无法在每次孩子找你说话时，你都能放下手中的工作专注聆听，那么，你大可以告诉孩子，现在不是合适的说话时间，告诉他什么时候，你可以专心听他说话，然后真的拨出20~30分钟，放下手上所有的杂务，关掉电视，不看报纸，只是专注地看着他，用心聆听他要说的。你会发现，短短20分钟优质的聆听，其效果远远超过你虽然整晚在家，可是孩子却觉得你无心关注他们的事要好得多。

保持目光的接触，帮助聆听者更为专注，并令孩子感受到充分被重视的感觉，这是一个很小的身体行为，却可以带来这么重大的效果，难道还不值得父母去努力做到吗？

2. 给予同理心的回应

只要试试看一个人独白，或向着墙壁讲话，就能体会听话者毫无回应时，所带给讲话者的挫折感。如果谈话像是一个球，说话者发出了一个球，如果对方没有回应，这个球就像掉到地上没有人再传送回来，这个谈话游戏也就玩不下去了。

具有能够理解对方情绪的同理心的回应，可以是简单但与对方谈话有相关性的回答，譬如："噢，是吗？""真的啊？""哎呀，怎么会这样呢？"也可以是符合对方谈话情节的相同感情频率的回应，例如："他那么说，你一定很难受吧！""可以想象你当时多么惊喜！""你一定乐疯了吧！"

这种同理心的回应，是对谈话者最大的肯定与接纳，令他想继续跟你谈话甚至到了欲罢不能的地步。通过适当的回应，孩子可以感觉你了解他的感受。这种被了解的感觉，成年人并不陌生。我们有心事时，总会找某些朋友倾诉，就是因为这些朋友愿意花时间聆听我们，并能体会我们的心境。我们也知道某些朋友是不能找的，因为他们根本就不是好的聆听者。

父母如果无法成为孩子的聆听者，就失去真正了解孩子内心的机会。孩子也只有另辟蹊径，去找朋友倾诉了。当有心事或遇到不能解决的问题时，更不会找父母谈话寻求帮助。父母因此丧失了指引及帮助孩子解决问题的机会，有时更会造成某些遗憾，殊为可惜！

在我从事卡内基培训工作中，接触过许多青少年的父母，常常听他们抱怨孩子什么事都不跟父母说，问也问不出个所以然。其实这是冰冻三尺，非一日之寒。造成这样的结果是过去的岁月中，父母未能掌握同理心聆听的能力与技巧，以至于孩子失去了与父母谈话的意愿。

3. 聆听中提出相关的问题

下面这段叙述是摘自北京《新京报》的读者投稿：

前几天，我给一名小学生上课，他不断要求上厕所或喝水，我以为是自己讲课没有吸引力。谁知那小男孩却告诉我："老师，不是我不配合你，我真的觉得太累了。我一早就去上学，下午5点放学，回来吃个晚饭，您就来帮我补课了。您走了，我还得练琴，练萨克斯。我讨厌培训班，还有培训班的老师，我们班里那些前几名的学生都参加培训班，听说我们班第一名的同学，都已经开始学初中数学了，这还让不让人活了？我最近考试总考不好，感觉老师及同学看我的眼神都和以前不一样了。老师，您还是每天来，就坐这儿陪我说说话就行了，我让爸爸照样付您钱，好不？"听了这名才四年级小朋友的怨言，我特别难过……

这名学生的父母，不但自己忙于工作，同时也给孩子排满了各种学习活动，让孩子一刻都不得闲，再请个家教来家里，自己觉得更尽责更放心了。

我想他们一定从来没有想到过孩子的感觉或心里的想法，因为父母自觉所做的一切，都是为了栽培孩子有个美好的未来。可是，未来还在云里雾里，眼下的日子，孩子却觉得难挨得很了。

也许父母从来没有问过孩子，他的一天是怎么过的？他在学校里过得开心吗？学习有收获吗？他喜欢父母为他作的这些安排吗？他知道父母为什么要这么安排吗？再往深一层说，他了解父母对他的期望吗？他明白父母亲为了他而努力工作吗？他希望从父母那儿得到什么呢？当孩子选择跟家教老师诉苦，而非自己的父母，这现象背后代表着什么呢？这个问题值得做父母的深思。

因此，在积极聆听的能力中，也包括了能适时提出与谈话内容相关问题的能力，它不但表示聆听者进入状态，并且能让说话者有更多机会表达自己的想法，甚至借由谈话，整理连自己都还没有意识到的内心思绪。

聆听与提问，犹如双向沟通这枚钱币的一体两面。在聆听的部分，我们仍必须强调提问能力的重要性。因为如果不懂提问，即使父母想听孩子说话，孩子还不见得愿意说呢！关于提问的部分，请参考本章第二节。

卡内基亲子金科玉律第七条：

聆听

第五条：

经常微笑

第十三条：

以友善的态度开始

✳ 延迟判断才能得知真相

青少年期孩子在犯错时对父母的信任，通常得之不易，失之极易。如果能先维持互信及开放的沟通关系，那么，作为家长的我们，就不至于完全不了解孩子在外面的状况。

儿子在台湾上初一时的一个晚上，我们照例在姥姥家吃过晚饭后，母子两人走回自己的家。

路上儿子说："今天真倒霉！"

"怎么啦？"

"中午吃过盒饭后，我跟小武到学校对面的饮料店买了一杯可乐，翻过学校围墙就被训导主任逮到，结果我们俩被罚站，双手握住冰可乐高举过头站在训导处门外，那边经过的人很多，融化了的冰水不断顺着手臂流下来到胳肢窝，好难受！真糗！"

"哇！那真的太糗了，有没有女生经过？"

"有啊！好多女生走过指指点点，笑得好高兴，好差劲！"

"那个你喜欢的女生在不在里面？"

"不知道唉！希望不在。"

其实，当时我心中很想立即训诫他，即使他们的学校位于住宅区内，私自翻墙出校还是极不安全的。至于违反校规的部分，既然老师已经处罚过了，因此我决定以后再找机会跟他谈。所以，当时我的反应是先站在他一边，设法让他觉得我是跟他一国的。

我很小心地维护着当时他对我的这份信任，因为，我知道青少年期孩子在犯错时对父母的信任，通常得之不易，失之极易。如果能先维持互信及开放的沟通关系，那么，作为家长的我们，就不至于完全不了解孩子在外面的状况。

我经常有机会与家长及孩子们沟通。很多时候，父亲或母亲陪同孩子前来与我们的咨询顾问谈话。孩子通常什么都不说，即便问到他，也是很简短地以三言两语应付，谈不出什么来。家长也常心急地说："他老是这样，问他什么都不好好回答，真不知拿他怎么办好！"这时，我们会请家长暂时离开房间，先到会客室坐一下，让我们单独与孩子谈谈。父母离开后，孩子看来轻松多了，问他为什么不愿意好好跟父母谈话，他们多半回答："他们总是不听我说话，或是不等我说完，就批评是我不对，我觉得没什么好说的。"可见，过早下判断，常常关闭了孩子的心门。

现代教育非常强调培养学生的创意，因为，未来的竞争平台是全球性的(所谓世界是平的)，而全球企业竞争的胜败关键就在创新上。因此，创意在大部分企业中，远比其他能力来得重要。抹杀创意最有效的方法，就是过早判断。因为创意来自自发性思考的右脑，而判断是来自理性判断的左脑，两者当然都有其存在的价值。可是，在追求创意的过程中，过早使用判断力，将使许多大胆的点子没有呈现的机会。

在媒体行业、广告业、软件开发等许多行业中，创意比黄金还宝贵。这些企业都很习惯召开"头脑风暴"式的动脑会议。为了得到宝贵的点子，会议中有一个阶段是只能丢出点子，不作任何判断，因为，很多原来看来完全不可能实践的点子，却会因为其他人在这个点子的基础上，产生出许多新的点子，并慢慢演变形成具有操作性的创意。因此，延迟判断，不但可以了解真相，更可以激发孩子的创意。

我记得这么一个小故事，一个大约30岁的朋友，父母都是大学教师，从小住在教工宿舍内，他成天被拿来与邻居家的孩子相比。而且父母惯于权威式的管教，有时也会采用体罚，可是这些令人难堪的事，都远比不上父母的一个让他更难以忍受的习惯，那就是不管他提出什么想法，父母劈头都是说不可能，这个想法太幼稚了，有时他想要去做某件事，如果父母预先知道了，那么多半是当头一盆冷水，叫他趁早死了这条心，别痴心妄想的，只要专心把书念好就成。

父母过早判断的习惯，不但封住了孩子的嘴，并且也封闭了他思考的空间。因为孩子将学会自己给自己作判断，经验让他觉得多半的想法都是不切实际、不可行的，也就没有尝试的必要。我们的孩子如果仅活在条条框框中，他将无法跳脱自我设限，他的潜力又如何能得到有效地开发呢？

许多现代家庭中，父母亲都上班，因此，家长真的都很忙，对孩子的教导有时会失去耐性，这也属人之常情。但是，如果父母无法做到先了解事实，再作出判断，往往更容易造成对孩子的误解。很多孩子慑于父母或师长的权威，通常只有默默地被误解。甚至被冤枉了，他们也不敢或不愿解释，结果在父母师长心中形成一个失真的形象与偏见，愈演愈烈的结果是，误解愈来愈深，父母师长越来越不相信孩子所说的话，甚至扣上说谎的大帽子，而孩子也越来越说不清楚整个由来，逐渐放弃寻求父母师长的了解，双方的隔阂越来越深，终至产生难以逾越的代沟。

其实，由于亲子之间的各种差异，比如，年龄、辈分、教育、兴趣、性别、成长的年代等等诸多不同，虽然血浓于水，可是这些活生生的差异，往往就形成了沟通的阻碍。其中最大的阻碍，来自于双方在沟通中对于对方所作出的假设。

只要父母不过早判断，以提问的方式帮助孩子说清状况，大多时候，我们可以减少误解，看清真相。父母应避免戴上有色眼镜看孩子，孩子并不像我们所担心的那么糟糕。

❋ 如何将亲子沟通优质化

> 对于独生子女来说，一对一的关系可以减轻与父母两人同时沟通的压力，也是提升沟通品质的关键。

《环球时报》2010年6月1日报道，英国一个协会所作的调查显示，英国父母平均每天与孩子真正相处的时间只有49分钟，居然连一个小时都不到，"这还不及英国人吃一顿饭的时间"。绝大多数父母认为周末是家庭团聚的最佳时段，因为可以全家一起外出度周末，但是有2/3的受访儿童却表示，比起在外面玩乐一天，他们其实"更愿意和父母在家享受团聚时光"。

因为，没有什么可以取代一对一的沟通所带来的亲密感觉。

我们与群体的关系，应该是我们与个体关系的一种延伸。群体的互动关系，永远无法取代个体在良性互动时所带来的相知相惜与亲密感，当然更有相爱的感觉。我们都经历过两情相悦的恋爱阶段，两人的亲密关系有时会有一点排外，因为只有一对一的交流，才能够带给两人最大的快乐，如果因此产生一种知性上与感性上的紧密结合，这两人必定感到幸福无比。

这种感觉其实可适用在任何关系上，亲子关系也不例外，只不过程度有所不同罢了。

我喜欢安排与小孩一对一的相处时光，有时在家里，有时也特意安排只带一个小孩到外面用餐，我将沟通的重心完全放在这个孩子身上。我们可以无话不谈，包括孩子与其他家庭成员的关系，甚至是与父母的另一方，或是与祖父母的某一位，都有可能成为我们谈话的内容。我发现在一对一的沟通中，所产生的安全与信任感，远比其他沟通方式来得有效。

繁忙的现代父母，可以两人轮流安排与孩子单独交流的机会。只要半个小时，彼此的亲密感远比大伙人闹哄哄地过上一晚还扎实。我的一位美国朋友家中有4个女儿，夫妻俩忙于事业，连晚上也常常加班，女儿正值青春期，美国女孩成熟得早，很早就开始化妆、打扮得像成年女性，浓妆艳抹得常令人捏把冷汗。但是他们4个女儿都能顺利成长，没有发生什么麻烦。我当时请教他们，如何才能事业与亲子教育兼顾，他们的回答就是，夫妻两人轮流每周安排单独跟一个孩子出外用餐，行之有年。当时我们的经济情况还不是太充裕，我就问他为什么一定要外出用餐，他说，这种事情并不一定，也不需要花很多钱，在安静的小餐馆都可以，重点是创造不同的相处气氛，她告诉我，这种安排有时候会引发不同的谈话重点，增加双方许多新的了解。

一对一的关系，是人际关系中最为举足轻重的，也是最能产生优质沟通的机会。即使相处时间不足，如果能安排高质量的一对一沟通时间，就可以带来很好的结果。对于独生子女来说，一对一的关系可以减轻与父母两人同时沟通的压力，也是提升沟通品质的关键。

许多父母会以为，所谓充分利用时间，就是一面做家事、看报纸、看电视，还能同时跟小孩讲话。反正小孩的童言童语，也没什么值得特别用心的，随便哼哈两句足以应付。那实在是小看了孩子心中的感觉，以为他们还小，无法察觉不被重视的感觉。其实，也许他们无法具体表达不被重视的感觉，但是孩子却多半是很敏感的。父母在无意中，已经为亲子的双向沟通设下了许多障碍，日后却又惊讶于亲子沟通之困难。

在亲子双方的时间都很紧张的现代，唯一能优化亲子沟通的办法，就是以一对一的专注沟通，来创造良好的亲子互动。

以结果为导向才是有效沟通 ✿

生活中所发生的事，本来就多半是小事。我们常常忽略了小事，没有用心在小事上作好沟通。我们需要更有意识地提醒自己，沟通的目的为何，应该采取什么方式沟通才能奏效。

天下父母心，决定了天下应该没有不是的父母。造成父母不是的，通常并非其用心，更非其亲情，而是其沟通方式的问题。

孩子幼小的时候，这个问题并不明显，因为在孩子形成自己个性与价值体系之前，他们多半是接收的一方。认识自己的情绪需要一个学习的过程，年幼时我们只能直觉地反应自己的情绪，无法分辨情绪的细微差别，更由于语言掌握能力尚未成熟，难以完全表达自己的想法与感觉。亲子关系因此尚能水乳交融。

但是，人的成长就是自觉意识的成熟，这个缓慢隐秘的变化，不但父母难以察觉，就是当事人自己只怕也懵懵懂懂。当一个孩子开始更有自觉时，亲子之间的关系就开始面临挑战了。

父母与孩子多半并未意识到，双方在新的变化中，再也不能用以前的方式互动了。例如父母无微不至的照顾，在一个不断成长的孩子看来只是琐碎厌烦；或父母自以为是地为孩子作出令其无法接受、更不能感激的决定，在那段心理成长赶不上生理成熟的尴尬岁月中，亲子关系也将面临本质的改变。转型是否成功，就依赖于父母是否能够掌握好有效表达亲情的正确工具，并能妥善使用它们。

这个工具是什么呢？说穿了，也没有什么新鲜之处，其实父母本来也一直在使用的，那就是有效的沟通。但是到了这个节骨眼儿上，对于沟通能力的要求更有所提高了。以前父母说什么，孩子基本上都会接受，现在却不一定了。如果是个性刚烈的孩子，他的强烈反对或反弹，足以令父母吃惊。父母的挫折可以想象，其实这些挫折不能避免地也在影响着孩子，因为人际关系就像两个彼此咬紧的齿轮，一边有改变，另一边无法避免不受影响。

到了这个阶段，其实也是亲子相互结下学习盟约的最佳时机。因为，父母发现自己需要改变，而孩子本来就是在不断成长改变的，当双方都有需求产生，就形成了学习的动机。这个需求就是原来浑然天成的亲子之爱，现在怎么变得困难起来了？原来快乐幸福的和乐家庭，怎么讲几句话都不能心平气和？这种让人不舒服的感觉，正好显示了双方都需要学习并形成新的相处模式。

让我们先弄清楚沟通的目的到底是什么，无非是双方求取了解，避免误解罢了。不过，我们确实很少有意识地探讨，怎么说一件事，才能尽可能忠实地传达当事人的感觉与想法，同时避免对方有所误会。而这种没有意识的沟通方式，其成效实在无法让人乐观。

有位妈妈在家等孩子放学回来吃饭，可过了平常该回家的时间，还是没有等到人，妈妈渐渐有点心神不宁，打手机又不通，越等越心焦，所有不好的联想都出现在脑海中，这时，终于听到开门声，孩子回来了，妈妈气急败坏地脱口而出："你哪儿去啦？又没干好事儿吧？不知道我会担心啊？这么大了，怎么就这么不懂事？"劈头盖脸地轰炸下，孩子板着脸也不理人，推开自己的房门，砰地摔上门，躲进房里去了。这个晚上家中气氛可想而知。当我们焦急的时候，紧张的情绪往往强烈到掩盖了原来真正的关爱。因为关心，所以会担心孩子是否遇到什么困难，是否需要大人的帮助。但是，最后所表达出来的却全是气话。

只要对自己情绪的变化更为敏感，就能体会到自己的焦急已经驾凌了关切，自己需要作出调整，并再三提醒自己，与孩子沟通时想要达到的理想结果是什么，是发泄自己的情绪，还是希望孩子能学会以后在类似情况下能体谅父母亲关心的心情，而先打个电话回家说一声。

如果常常能把沟通所想要的结果放在第一位，我们就比较可能保持冷静，并养成沟通前稍作准备的习惯。在重要的谈话前作过准备的效果，与没有准备可说是天差地别。许多来接受卡内基训练的学员，一开始总觉得这样未免太累人，随便说说不就好了，可是，随便说的结果，却得花更多的精力去挽回或者解释，以免造成不必要的误会或伤害，这不但没有意义，又浪费时间，不过是可以改进的。

梅舍雪刚升上高中，课业越来越繁重，常常觉得学习压力增强了，身体也常感到疲惫，因此，经常为了一些鸡毛蒜皮的小事和父母起争执，弄得家中气氛紧张，自己对越来越差的脾气也很不满意。

含雪的父亲最近总是加班出差，在家的时间减少了，跟含雪好好说个话的机会当然也跟着减少了，含雪有时有一种孤单的感觉，甚至会想爸爸是不是不再像以前一样关心自己了，心中难免会涌上一种莫名的伤感。

这个感觉，含雪却从来没有真正向爸爸表达过。她在理性上也知道父亲在外工作很辛苦，是为了这个家。若还像小时候一样，一有事就找爸爸，也未免太不懂事了。但是，感觉这种事常常没有对错，含雪虽然上高中了，但是心中还是渴望着父亲的爱，希望就像自己小时候那样，处处得到父亲的呵护。对于十几岁的少女，这种感时伤情的事确实常常发生。

无疑的，现代双薪父母如果在事业上发展得不错，工作压力肯定特别大，事业对于时间的需索与投入，自然也越来越多。父母都想兼顾工作与家庭，特别是只有一个独生子女的家庭，谁也不愿意在孩子的发展中缺席。可是一天又都只有24小时，这种情况在考验着父母的沟通能力。很显然，没有足够的沟通时间，沟通的"质"将远比"量"来得更重要。

父母送给含雪的暑假礼物，是送她来接受卡内基青少年情商与领导力训练，含雪学习着如何有效控制自己的情绪，不要凡事先抱怨或指责别人。既然暑假不用每天上学，她也觉得日子比平常轻松些，就决定白天利用时间收拾打扫房间，傍晚再做几个小菜，让工作辛劳一天的父母回家就能吃上晚饭。果然，父母亲都觉得极为安慰。

含雪的母亲，掌握住了这个重要的契机，她在晚上与含雪谈心时，特别正式告诉含雪，她的这些行为让妈妈感到多么欣慰，对身处中年、工作家庭压力两头挑的父母是多么重要，又多么有意义。这个重要的表达，肯定了含雪行为的价值，增强了含雪主动向父母付出关怀的动力。这就是一次以结果为导向的沟通。

含雪在父亲出差回来后，主动上前帮忙爸爸收拾东西，并关怀爸爸是否觉得很累，要保重身体等等，爸爸也很高兴，当场拥抱含雪说女儿真的长大了，这么懂事，再累也是值得的。这些双赢的互动，都成为推动含雪愿意持续付出努力的动力。

从事于研究工作的鹏飞，在组织内部举办卡内基训练时接受了培训，鹏飞的儿子在北师大附中上学，是个音乐爱好者，也是个羽毛球迷，但最不喜欢的就是学英语，他甚至表示只要中国强大，以后中文会成为世界语言，根本用不着学英文。鹏飞每次听到儿子在家练唱歌，就觉得烦得要命，总觉得是不成调的噪音，鬼吼鬼叫的，又担心吵到邻居，于是老劝阻儿子不要唱了，父子俩常为此搞得心情不好。其实鹏飞为了这件事情，已经跟儿子沟通过很多次，不过，并没有以结果为导向，只是在抱怨或发泄情绪，鹏飞对儿子的沟通证明是无效的，两人倒像拔河似的相互较量起来。鹏飞既然接受了卡内基训练，他想试试看，如何更有意识地以结果为导向来沟通，达到双赢的结果。鹏飞开始改变自己的心态，用心听听儿子的练唱，发现儿子还真唱得不错，于是，找到机会开始就儿子喜好音乐的这件事给予了真诚的赞赏。儿子一开始挺惊讶的，但是看得出很高兴。鹏飞在一段时间内，常常肯定儿子在音乐方面的表现，他发现儿子不再像以前那么疏远他了。于是，他开始尝试给儿子提建议，如果将音乐与英语结合起来，不但音乐之路更为宽广，而且确实有许多很棒的歌曲，原来就是英文歌。儿子觉得这个想法很酷，他开始找些英文歌来练习。于是，鹏飞不再那么厌烦儿子练歌，儿子也因此更加接近英文，不觉得英文那么无趣了。妻子更不再因为教育问题与鹏飞争执，整个小家庭显得更为温馨了。这也是一次以结果为导向的沟通。

生活中所发生的事，本来就多半是小事。我们常常忽略了小事，没有用心在小事上作好沟通。我们需要更有意识地提醒自己，沟通的目的为何，应该采取什么方式沟通才能奏效。我们可以提醒自己，即便是小事，却有可能产生许多不必要的误会及误解。等到有一天发生重大事情时，亲子双方平时累积的互信不足，沟通管道堵塞不畅，要想解决具有挑战性的问题，变得更为困难。双方将不免生出更多不满，拉远了彼此的距离，这是很可惜的，也是可以避免的。

因此，现代父母必须掌握沟通的契机。它们总是在一些关键时刻出现，但是父母也许未能敏感地辨识，也未能自然真诚地表现出对儿女新尝试的肯定。这些看似简单的事，父母却很少能顾及。比如，有的孩子帮忙做了家事，父母却可能不经意地说："你早该这么做了，要不我也忙不过来"，或是"你怎么把青豆和豆腐一起烧了，我是想拿来炒虾仁儿的！"或是"会帮忙啦，不错，就是青菜煮得太久了，都不绿了""你看你拖的地板，上面还摸得到灰呢！""你怎么不顺便刷刷马桶啊？好久没刷了。"像是兜头而下的一盆冷水，浇熄了孩子原本想帮忙的热忱，孩子会想早知如此，还不如不做好。这种沟通结果，真的是父母想要的吗？

孩子（其实包括任何人）在作出任何新的尝试时，都是比较没有把握的，因此多半信心不足，当下所得到的回馈，往往决定了以后还要不要继续这项行为，也就是说是增强了这个行为的动机，还是压制了动机。很多父母常常怨叹，自己孩子一点儿不懂得体谅父母，在家什么忙都不帮。其实，孩子可能曾经尝试过，但是发现效果不佳，因此放弃了，然后，双方沟通渐渐形成了恶性循环。

因此，亲子沟通要以结果为导向，以双赢为目的。在亲子沟通中，我们应该常以推动良性循环为重点，设法增强孩子的良好行为，减少并消除他们的不良行为。

❋ 如何帮助孩子接纳异见

> 如果父母常常自问："如果我是孩子，我会想要什么？"或者起码先想一想："我真的了解他想要什么吗？"这个问题将引导父母从孩子的角度去看事情，才能设法从孩子的立场去说服孩子。

许多青少年的父母常面临的挑战是，如何能让孩子接受父母的意见。人们常会给青少年贴上标签，说他们进入了"逆反期"，他们什么事都要和父母的意见相反，父母都是上一代的人，说什么都不够"酷"。

一位有14岁女儿的中年母亲就跟我谈到，上初二的女儿"很有自己的想法，甚至认为有主见才是长大成熟的表现，很多事都认为自己可以处理。举凡学习方法、处理同学关系等等，家长的建议也不一定就是最好的。她常常发脾气，理由就是："我现在青春期，别理我！"

青少年情愿将心事与困扰找自己同龄的朋友分享，很明显的，因为朋友不会作出判断，更不会要求改变。朋友的特质就是即使他知道了你的缺点或短处，他还是接纳你作为朋友。青少年多半特别讲义气，因此，只有跟朋友分享才不会感受到压力。这一点是孩子多半不想跟父母谈话的主要原因。

想想看，如果你是一位少女，心中暗恋一个帅哥，你会选择跟朋友谈，还是父母？她早就可以从过去的经验中猜测到父母的反应，他们会大惊小怪，或是极度担心，有的甚至开骂，或采取更为激烈的措施把你管得更紧，以免影响学习。不管父母可能有多么好的意见与智慧，只要想到必须忍受许多的唠叨批评，孩子就觉得算了，还是不要跟父母谈的好。

在卡内基训练给孩子的调查问卷中，有这么一个题目："有一次很愿意听父母的话去做，为什么？"得到的答案包括：（1）因为父母尊重了我的想法；（2）父母的建议与我自己的想法吻合；（3）他们讲的道理我同意，即使是要我去原本不想去的数学补习，我也接受了；（4）父母的要求刚好也符合我自己的兴趣，父母要我每天下楼取报纸，我自己也很想了解新闻与NBA战况等等。

从孩子们的回答中，可以归纳出几个接受父母意见的理由：

感到被尊重了。

被父母说服了。

父母要求的符合自己的想法。

孙子兵法说："知己知彼，百战百胜"，虽然亲子之间并无胜负可言，可是要了解孩子，促使孩子愿意接受父母的金玉良言，知己知彼，还是一个最好的办法。

如果父母常常自问："如果我是孩子，我会想要什么？"或者起码先想一想："我真的了解他想要什么吗？"这个问题将引导父母从孩子的角度去看事情，才能设法从孩子的立场去说服孩子。从孩子的回答中，可以看出只要孩子觉得受到尊重，就会愿意接受父母的意见，孩子并不否定，甚至很愿意听从父母的智慧，减少自己的麻烦。只是太多时候，令孩子难以接受的，是父母的语气，使双方陷入了意气之争，这就是本章第一节中所谈到的，"怎么说"和"说什么"是同样重要的。因为，孩子反对的，根本就不是内容本身。

从孩子的回答中，还可以看出孩子其实也有他们的理性，他们也能作出自己的判断，虽然有时候在大人看来可能不太成熟，但是善用孩子的理性，也能说服他们。这个时候，就要帮助孩子看得更长远更全面，这一点，孩子多半是做不到的。**当父母好好说明，这个要求对于孩子的未来发展愿景有何关联时，讲道理的孩子是会愿意接受的。**前文也提到过，**当孩子受到目标或愿景的激励时，他会愿意作更多的配合。**

另外一个孩子愿意接受意见的原因很有趣，就是亲子双方的目标其实是一致的。很可惜，多数状况下父母并不知道孩子的欲望，因此只能碰运气而已。结果是，孩子有时听话，有时就不听话，好像更是难以捉摸似的。其实，父母只要多提问题（本章第二节——以问问题敲开孩子的心门），就有可能发现孩子对这件事的态度及想法，根本用不着费事要求，只要顺势而为，就会促使孩子往父母觉得好的方向前进。

有一个学员有这么个事例，很能说明说服家人是有方法的：

快过年了，妹妹却不顾爸爸妈妈今年要在天津过年，非吵着要回河北老家过年，弄得全家很不开心。为了让家里人能够在天津一起过一个愉快的春节，我就以卡内基所学的提问方式，试试看能不能让妹妹自己回心转意。

我问她："你想回老家的原因是什么？"

妹妹说："老家才是我们的家啊！"

我："既然爸爸妈妈都在天津过年，是不是爸爸妈妈在哪里，哪里就是咱们家呢？"

妹："对啊！"

我："那就是了，爸爸妈妈决定今年留在天津，那天津不就是咱们家了！"

妹妹没搭话，但是神情看起来平静多了。

我又说："其实我知道你特别想回家看看老朋友，我还不是一样！毕竟那儿是我们成长的地方。不过，我们也都离开了，再回去那一定是衣锦还乡了。你想想，回去看亲戚朋友，总不能空手去吧！那还得准备多少礼物啊！以你现在的工资水平，走不了几家，可能工资就用完了，你还能玩得开心吗？"

妹："那肯定开心不了！"

我："对啊！我们何不好好努力几年，在天津发展得不错了，我们和爸妈一起回去，那时我们的心情就不一样了，对吧？"

妹："对！那就先不回去好了！"

妹妹留在天津，我们全家在天津过了一个开心的春节。

以前想要叫妹妹改变主意可难着呢！原来可能是方法不对，这一次，她不就合情合理地很好沟通啦！

说服他人接纳意见，其实也没有那么难，对吧？

卡内基亲子金科玉律第十条：

**唯一能自争辩中获得的好处，
就是避免争辩**

第十三条：

以友善的态度开始

第十四条：

设法使他人说："对，对"

第十六条：

让他觉得这个主意是他想到的

第十七条：

设法从他人的角度了解一切

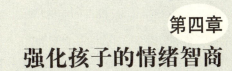

第四章
强化孩子的情绪智商

　　一个人必须坦然面对自己的感受，才有可能解读别人的感受，而人们越能体会别人的感受，就越会有同理心，这也是在人际互动时，我们能发挥影响力及领导力的基础。

✳ 引导孩子以语言表达情绪

无法体会自己情绪与感觉的人，不过是自己情绪的奴隶罢了，根本谈不上掌控自己的情绪，以至于在人生抉择诸如婚姻、事业上，无法作出有利自己的决定。

周雨彤原来很容易受到情绪波动的影响，有时候一点小事被同学误会了，她就会生很久的闷气，甚至不跟同学说话，人家也搞不清怎么回事，有时候老师批评她的班委工作没有做到位，她又不敢跟老师解释，心里不服气，生气了很久。雨彤自己其实也很不满意自己常为了一点小事生气，可是不知道该怎么处理。接受了卡内基情商培训后，她发现自己比较不容易为小事生气了。当老师再批评她的时候，她会先自我检讨一下，如果真是自己做不好，就会虚心接受，如果觉得自己没有做错，就会向老师提出自己的解释。有一次老师批评她作业做得不够好，雨彤就跟老师说明自己确实尽力了，可是有几题怎么都做不出来，还把自己的解题思路告诉老师，希望和老师进行讨论，把不懂的题目解出来。

情绪智商的第一个组成部分就是——认识自己的情绪，这也是整个情绪智商的基石。无法体会自己情绪与感觉的人，不过是自己情绪的奴隶罢了，根本谈不上掌控自己的情绪，以至于在人生抉择诸如婚姻、事业上，无法作出有利自己的决定。

一个人必须坦然面对自己的感受，才有可能解读别人的感受，而人们越能体会别人的感受，就越会有同理心，这也是在人际互动时，我们能发挥影响力及领导力的基础。

对孩子的成长来说，父母的首要任务是能帮助孩子辨别他自己的情绪与感觉。自从孩子呱呱落地，父母就对孩子的感觉很敏感。因为当时婴儿只有一种表达方式，那就是哇哇大哭。一听到婴儿啼哭，父母就得设法弄清楚他是肚子饿了？口渴了？尿布脏了？还是身体不舒服？洗澡水太热了？还是太冷了？

等到孩子牙牙学语，父母就开始设法引导幼儿，使他能够开始用语言表达自己的感受， 孩子慢慢学会以语言表达生理上的感觉，以及比较简单的心理感情，例如：开心、难过、生气等。

父母一起帮助孩子辨认感觉、表达感觉的亲子关系，到了某一个阶段，似乎就戛然而止，第一个最大的改变，可能就是孩子开始进幼儿园了，亲子相处的时间突然大幅度减少。加上父母本身过于忙碌，亲子很少再花时间共同探讨孩子的感觉。这就像原来孩子年幼时，父母亲拥抱亲吻孩子都很自然，可是没来由地忽然成为了禁忌。

随着孩子身心的逐渐成熟，他的感觉与情绪也一直不断地在细化，通常女孩在情绪的分化方面，似乎又更为细致些。难过就有可能细化为"失望"、"挫折"、"不满"、"厌烦"、"无奈"、"吃醋"等等。

雨彤受到挫折时原来只会生气、心里不舒服，可是她无法分辨自己到底在生什么气，是生自己的气？还是别人的气？恨自己表达不清楚？还是觉得同学很讨厌？老师偏心故意找茬？自己的心意被曲解？自己的努力被忽视？觉得不被重视？觉得被期许过高，压力过大？

雨彤只有在更有自信时，才能以正向的角度解读自己的情绪，才能因为了解自己的感觉，从而作出不同的反应选择。这些不同的反应，指的是除了生气之外，她还有很多其他的反应可以选择，这给了自己更大的回旋空间，不再是非生气不可了。如果她自己把话说清楚了，同学就不会误解，老师也更能帮得上忙。这就是雨彤这个年轻人在情商方面的一个突破。她发现自己的情绪不是不能控制的，而且也不是没有选择的。

另一个类似的事例，是由李林阳提供的。担任学生会工作的林阳，在卡内基青少年班中提升了自己的自信与沟通能力，并感觉自己更能控制自己的情绪与时间管理，能更好地协调学生会工作与学习之间的时间分配。有一次，有个学生会成员向林阳打另一位学生的小报告，以前林阳可能冲动地直接找对方来询问。但这次林阳先让自己冷静下来，控制好自己的情绪，然后找到那两位同学进行坦诚的谈话，林阳不但适当地表达自己内心的感受，并且帮助另外两位同学说出内心真正的想法。结果，三人同时发现，所谓矛盾只不过是一件很琐碎的事情引起的。为了让当事的两位同学能和好如初，林阳还安排时间请两人吃饭，彻底把这件小事所引起的阴影清除干净。饭后，三人走回宿舍时有说有笑，心情无比轻松。确实，能让自己与他人都能把感觉表达清楚，又不伤害他人，实在是一件快乐的事。

林阳所表现出来的成熟，真的会令很多成人惭愧。可见，心理年龄与生理年龄，不见得能完全同步成长。这也表明人的一生，应该不断地学习与改进自己。这一点，我们在第六章中会详细探讨。

在《情商》一书中有这样一句话："只有你能将感觉用语言表达出来，才算真正拥有这个感觉。"虽然我们不常直接以语言来表达感情，而多半以其他方式来表现，感觉本身几乎都是属于非语言类的。可是，如果有人竟然完全无法用语言表达自己的感觉，就会属于心理学所谓"情感表达障碍"的人群。至于如何分辨是纯粹无法以语言表达感觉，抑或是根本就没有感觉，目前则尚有困难。

帮助青少年把内心的感受完整地表达出来，是提升其情商的第一步，不过，这也得视其亲子关系是否有足够的互信、开放与包容而定，当然还有第三章第二节所谈到的，父母是否具有提问的能力，才能通过针对性的问题，帮助孩子探索其内心的感受。父母本身感知情绪的能力也是相当重要的。

✿ 多与孩子探讨人际互动

父母常常自以为是地认为青少年最大的烦恼，是来自学习与课业的压力。其实，按照我们从事青少年工作的经验发现，他们最大的困扰与压力，其实是来自与同学、同辈间的关系。

刘子扬原来在学校没什么朋友，因为他不知道怎么跟别人打交道，每天到学校觉得很没意思，过得很不开心，上课的时候不是睡觉就是逃课，最后甚至严重到被退学。

王生在小学时表现优异，小升初时，97%的同学都进了171中学，他进了22中。王生对于新环境完全无法适应，对新同学及新老师都无法产生认同感，他总是怀念以前小学的老师与同学。渐渐地，王生开始找借口请假不上学，课业当然就慢慢落后了。跟不上学习进度的王生，对自己更不满意，连自己都觉得自己越来越封闭。家长、老师都挺着急，可是怎么劝说也没有什么功效。

父母常常自以为是地认为青少年最大的烦恼，是来自于学习与课业的压力。其实，按照我们从事青少年工作的经验发现，他们最大的困扰与压力，其实是来自与同学、同辈间的关系。像子扬这样的例子很多，由于在家庭中没有同龄的人共同成长，他们从游戏互动中学习如何与同辈相处的机会也大大减少。本质比较内向的孩子出了家门后，面对学校中这么多陌生人，往往不知如何开始结识朋友，顺利地抛出橄榄枝。而且平常缺乏练习如何有效地与他人互动，就更容易受到伤害。只要对方一个小小的拒绝，或只是没有热忱地回应，他就会觉得别人可能不喜欢他，自己就先打退堂鼓。事实是，大家都不知道如何结交新朋友，也许有人天生比较外向乐观，敢于尝试不怕碰钉子，差别只是这样而已。

如果在班上没有谈得来的朋友，下课又没有兴趣相投的同学可以一起聊天、玩游戏，自己一人老是呆呆地晾在一旁，真的是让人不自在，甚至很难堪的事，也就难怪觉得上学完全不具吸引力了。不但小孩子觉得自己无法被接纳或融入团体是一件重大的事，其实，我们成人也无法不受被人人排斥拒绝的影响。根据调查，职场中排名第一的离职原因，并不是大家所想象的薪资问题，反倒是同事相处的问题。这说明即使成年以后，我们也无法排除不良的人际关系所带来的不快。要在没有归属感的团体中，无论做什么都是困难的，更无法展现自己的实力，从而造成挫折感并对自己失望。谁能长久地活在挫折与失望当中呢？

因此，**在独生孩子的家庭中，父母要多多设法让孩子有机会接触同龄孩子**，并且给予更为宽松开放的环境与氛围，**让孩子们从游戏中学习如何互动，如何处理被拒绝，如何拒绝朋友的要求而不伤害朋友**。父母也不要急着插手孩子的相处问题，扮演仲裁者的角色，反倒剥夺了孩子摸索发现的机会。

孩子稍长后，父母可以常常借由各种机会，与孩子探讨人际互动的问题，就父母所观察到的现象，与孩子一起讨论是否还有更好的相处方式。不用再担心跟孩子互动时找不到话题了，他在外面的人际互动，就是最好的话题。

至于刘子扬，因为他在卡内基的课程中订立的热忱承诺，是回到学校与每位同学热情地打招呼。这个承诺，促使他采取主动的做法。他不仅做到了这一点，而且也学习了卡内基人际互动的金科玉律，更有效地练习如何与别人打交道，与别人沟通。现在他的朋友越来越多，在学校认识了很多人，包括不同年级的同学。每天到学校都与朋友在一起，上学变成了一件值得期待的事。生活过得很开心，在学习上也有了动力，知道要认真学习了。他给自己订的新目标，就是进入全年级前50名，考上天津南开大学。而且他和妈妈的关系，也比以前好了很多，会经常主动与妈妈说话，妈妈对子扬的变化非常开心。

日本有个名导演北野武，从小就是个不服管教、自行其是的孩子。年轻时就离乡背井，到大都市去谋生了。母亲一直严格要求他，一定要把工作得来的收入寄1/3回老家给她养老。北野武觉得很为难，因为有时实在入不敷出，再说家乡还有大哥在照顾着母亲，照说应该也不至于缺这点钱。不过，既然母亲要求，他就照做吧！可是心中一直很不谅解，有时甚至觉得母亲爱钱胜于关心自己，他也就很少回家探望。这么过了许多年，北野武渐渐崭露头角成为电影导演，也就不在乎那点钱了。一天他毫无预警地接到大哥的电话通知，母亲突然急病离世了。北野武立刻放下手边的工作回去奔丧。丧事办完后，大哥交给他一封母亲多年前的亲笔信与一个银行存折，存折中存有相当大额的存款，母亲信上提到，由于担心他从小就没有金钱观念，花钱大手大脚，母亲怕他哪天会吃了上顿，没有下顿，甚至成为路边的流浪汉。因此，她才提出这样的要求，其实北野武的母亲是想替他存下这些钱，以备他真正有需要时可以调用。北野武看到这里，你想他会是什么感觉呢？

我以这个故事，与周围许多人探讨北野武的母子关系，发现大家各有不同的看法。大家的各种观点无所谓对错。可是，这却是一个有关价值观的故事。在与孩子的讨论中，我们可以交换想法，孩子也会在各种类似的谈论中，慢慢了解父母对于人际关系的看法，他自己也有机会渐渐形成自己的观点。

父母对于人际互动更有自觉，就可以帮助孩子对于人际关系更为敏感，也更感兴趣。对人感兴趣、想有所了解，是情商的出发点。如果一个人对自己与别人的情绪与感觉都不感兴趣，还要想培养出对人的同理心，或发挥情绪智商影响他人的情绪，就未免像是缘木求鱼了。

现代的职场里，有许多年轻人本身极具才气，办事能力又强，但是由于对人不感兴趣，经常只顾独断独行，完全不在乎他人的感受，因此他们无法与他人合作，这种人为企业管理带来不小的困扰。这种IQ特强EQ超低的员工，在现代企业界中也就很难有所发展。就算他们中有人决定自己创业，后来还是免不了要面对员工发挥领导力的问题。

因此，人际关系的能力，对于孩子一生的发展，虽不是眼下迫切的问题，却一定是一件不可忽略的大事。值得父母多花时间与孩子共同探讨。

✽ 如何培养高情商的孩子

> 父母有能力控制自己的情绪，正是情商的关键，父母对情绪的处理方式，也正是孩子情商学习的最佳榜样。这是一种最为有效的学习方式。

情绪智商（简称情商、EQ）现在在中国非常受到重视，尤其是在培养教育下一代方面，这个理念更是再三被强调。家长其实也了解大部分的孩子，智商（IQ）差异不大，真正影响一个人的成功与快乐，情商的重要性远远高于智商。

那么，情绪智商到底指的是什么？

研究心理智能的美国耶鲁大学心理学家彼得·萨罗维（Peter Salovey），在给情商下定义时，认为情商主要是指下列五方面：

1. 认识自己的情绪。

2. 妥善管理自己的情绪。

3. 自我激励。

4. 认识他人的情绪。

5. 管理他人情绪——他认为一般人称的人际关系互动，指的就是管理他人情绪的能力。

一位接受过卡内基培训的父亲，跟我们分享他们父子的故事：有次发现儿子的英语考试成绩只有53分，当儿子把考卷拿给我看的时候，我非常意外，因为，儿子的英文成绩向来很好，平时都是班上的第一、二名，成绩从来没有低于90分。按照原来我的教养习惯，我一定会立刻严厉地批评儿子，一定是他没有好好准备，才会考这么糟糕。接下来的几天，我们父子只有冷战不说话了。

不过，因为我当时正在接受卡内基训练，对于亲子关系也开始较为敏感一些，因此，我放弃了平常直接批评的做法，而是很平静地跟他说："自己好好想想问题到底出在哪儿，我相信你下一次就会恢复原来的好成绩的……"第二天，我给儿子的班主任打了个电话，了解一下情况，班主任说这次考试题目出得特别难，大多数同学都只考了30几分，53分已经是全班最高的分数了呢！"

放下电话，我心里真是高兴，除了高兴儿子成绩好，更重要的是，我成功控制了自己当时的冲动，没有误会及冤枉他。我回家还跟儿子提了这件事，顺便又夸他几句，看到他开心的样子，我心里也是美滋滋的。我真的觉得后来我们父子的关系轻松融洽许多，他遇到问题甚至愿意来找我谈，以前好像没有这样过。没想到我在态度控制上稍稍有点改进，就能产生这么好的效果。

是的，父母有能力控制自己的情绪，正是情商的关键，父母对情绪的处理方式，也正是孩子情商学习的最佳榜样。因为模仿是人类最原始的学习方式，我们现在知道几乎所有的高等动物，都是通过模仿父母的行为来学习的。这是一种最为有效的学习方式，自然又不费力。因此，人们常说孩子的行为直接反映出父母的行为，孩子就像父母的一面镜子一样，就是这个缘故。

对于任何属于情商方面的态度或能力，模仿更是比用理智来学习更强。因为，有些情商能力，不是通过理性可以学习得来的。就算可以做到，也是极其费力的学习方式，而且很容易在压力下变回原形。

卡内基青少年班的同学何润昕，谈到自己比较能体会别人的感受时，说道："有一天我到家附近的游泳池游泳，看到一个比我大几岁的同学想要学蛙泳，可是很胆怯，他死活不敢下水，最后被教练一脚踹下了水。我很想嘲笑他，但是想到卡内基所教的，我开始设身处地替他想，没学过游泳，第一次下水应该很紧张，我也知道很多人是天生怕水的。他跟我根本不在一个等级上，嘲笑他就是打击他，何必呢？我应该鼓励他才对，等他从水里上来，我就上前跟他说：'你第一次能这样已经很不错了，不久，咱俩就能一块儿在水里玩儿了。'他听到我的话后很高兴。"

这个小故事看来也许很平常，但是能体会别人的感受，认识别人的情绪，就是情绪智商的关键部分。再加上能够鼓励别人，帮助他人减少恐惧，管理他人的情绪，更是领导能力的发挥。长此以往，何润昕就能成为一个情绪智商发展得比同龄人更好的年轻人。

就读初中二年级的朱浩天，就像大部分学生一样，总是贪玩，功课总要拖延到最后一分钟才肯动手。但是,他在卡内基青少年训练上过几次课后,有一天与母亲一起去游泳馆游泳,本来随便敷衍了事的浩天,游个一两圈就想歇着,这天却自己提出来要跟妈妈比赛游泳,游完回家时,浩天其实挺累的。回家后他说:"妈妈,我今天还有作业没完成,我先休息会儿就去写。"妈妈猜想他这一休息,就会像平时一样拖到很晚,然后就不写了,推到明天再说。没想到才过了10分钟,他就起身自觉地写作业去了。后来妈妈检查了一下他的作业,发现完全没有随便糊弄,而是十分认真地完成的。对他这个改变,说真的,妈妈可是大吃一惊,好好夸奖了浩天一番。当孩子在开始改变自己的行为时,父母适时的鼓励能产生加乘效果,促使他更努力地做好自我管理。因为,他自己也会很有满足感,更得意于父母给他的奖励,而愿意继续要求自己做得更好。

在从事培训工作多年后,我深以独特的卡内基培训方法为荣,特别是在《情商》一书出版后,更是为卡内基培训方法提供了扎实的理论基础。因为在整个培训流程中,我们不断引导学员提升自信、认识自己、激励自己,从而影响他人、激励他人。我们当然没有使用专业的心理学名词,可是却实际上与情商的五大范畴紧密结合。卡内基的成功五大动力分别为:自信(等于情绪智商中的认识并管理自己情绪的能力)、人际关系(等于认识他人情绪的能力)、领导力(等于管理他人情绪的能力)、处理压力(等于自我激励的能力),以及沟通。其中沟通本身是一种能力,唯有通过有效的沟通,才能在情绪智商的各个领域中发挥功效。

衣天阳是卡内基青少年班的毕业学员,有天早上爸爸驾车带天阳一起去商场。在地下停车场停车时,前边有一辆车倒车了大半天都倒不进去,挡住了去路，爸爸在车里发起火来："怎么这么笨，倒了这半天还没倒进去，不会开车就别开。"天阳在一旁说道："爸爸，我觉得你应该去上卡内基，人家搞不好是个新手，倒车倒不好也很正常。"爸爸回头看着天阳说："你长大了！"天阳能体谅前面倒车者的紧张感觉，又能运用同理心影响爸爸，将爸爸的坏心情转变为对别人的同情，真的是一个拥有高情商的孩子！

2010年7月19日《新京报》引述中国儿童中心项目主任的话说，"90%孩子的智力水平相差无几，既然一般人的智商所差无几，但是后来学习的效果，以及社会成就却大相径庭，就是因为情绪智商所发生的影响，这种情况随着孩子的年龄成长而越来越明显。"

父母应该掌握与孩子共同成长的机会，一起探讨情绪智商，一起努力提高同理心，这对于亲子双方都是不可多得的学习与提升的机会。

培养孩子团体沟通的能力 ✳

孩子的意见虽然在成人眼中可能幼稚，但是必须多多肯定他的努力、赞赏做得好的地方，才能有效增强这方面的信心。

现代社会对于团体沟通能力的要求越来越高，面对团体沟通的机会也来得越来越早。由于社会步调及工作节奏快速，若不能有效了解他人的兴趣，并清楚说明自己想法的人，往往很容易失去许多发展的机会。

学校为了帮助孩子具备这方面的能力，以便未来进入社会后能把握住更多机会，因此，在学校中为学生创造了很多上台作报告的机会。

虽然有人天生就是属于舞台型的，对于上台讲话不但不怯场，反倒是听众越多就越来劲儿。拥有这种天分的人，真的很幸运。可是，绝大多数的人都不是舞台型的，看到台下乌压压的听众，心里总是发憷。对于公众演讲有恐惧感的人，是不分男女老少的。事实上，英国《泰晤士报》多年前曾经作过一项有关恐惧排行榜的调查，有趣的是，人人虽然都怕死，但是，对于死亡的恐惧却只是榜上的第六名。高居榜首的居然是"对演讲的恐惧"！真是不可思议，这表示对我们大多数人而言，情愿去死，也不想去演讲。

美国激励及培训大师戴尔·卡内基，在上世纪初期就已经发现了这个现象。他不但发现人们一般有面对听众的恐惧，而且还发现，如果能有效克服这个排名榜首的恐惧，就能有效提升一个人的自信。

卡内基培训中设计了各种教学的方式，并培养讲师成为一流的教练，适时帮助学员克服这种恐惧，让他们获得成功的演讲经验。于是这些人不但提高了自信，并且克服公众演讲的恐惧，能够在各种场合中赢得听众的注意，推广自己的想法，从而赢得他人的尊重，打开机会的大门。

就读于北京四中的郭紫苜，就是为了克服团体沟通的恐惧，而来参加卡内基培训的。她在培训中的收获，促使她回到学校后报名参加了学校的演讲比赛。按照她的原话说："我首先征服了班级里的听众。仅用了一个晚上的准备时间，就在第二天的班级演讲比赛中获得31票的好成绩，比班里的第二名高出12票。"在参加学校比赛的前夕，她仔细分析了主题，准备演讲内容，并按照卡内基所传授的方法，练习自己的语音、语调以及时间的掌控，最后在16位参赛者中获得第五名。

许多同学在掌握了团体沟通的要诀后，回到学校就敢于挑战自己。在竞选班干部时，作好竞选演讲。当选为班干部后，不但增加了练习团体沟通的机会，更是培养发挥影响力赢得同学合作，以及练习领导力的机会。

原来非常惧怕在公众面前表达自己想法的史东来，在公众面前总是很不自信及紧张。但是，在卡内基受训后的最后一次上台时，他敢于大声地和大家分享自己培训的收获，还来了一句非常经典的结语："上台讲话比不上台讲话好，上台大声讲话比上台小声讲话好！"真是可爱！

另一位学员杨天笑说："上卡内基训练的一个月前，对上台发言还小腿肚子打转，连一句通顺话都说不出口的我来说，在卡内基最后一堂课上，竟能赢得最高成就奖的提名！"

念外国语学校初三的赵作栩，也是为了提升团体沟通的能力来参加培训的。他发现自己的演讲能力在几周内就有明显的提升。回到学校，每当在关键性时刻需要同学担任主持任务时，老师都会交给作栩，这不但证明老师看出了作栩的这种能力，更是对他的信任，当然对他们的师生关系也起到非常大的加分作用。更有趣的是，作栩的父亲，有时也会跟作栩交流接受卡内基培训的收获，有一次爸爸在单位开会前，想到作栩提过演讲时注入热忱的重要性，因此，爸爸先上外面操场跑了一圈，带动自己的活力，回来作工作汇报时，就远比以前要更有感染力，同事对爸爸的表现十分意外，反响极佳。

父母要注意培养并提升孩子的表达能力，其途径当然不是只有通过培训。父母在孩子小的时候，就要常常问他的意见，培养他有组织、有条理地提出自己想法的能力，孩子的意见虽然在成人眼中可能幼稚，但是必须多多肯定他的努力、赞赏做得好的地方，才能有效增强这方面的信心。**在亲友面前，或是人多的场合，更要设法让他多开口，并且要让他有成功的经验，这才能培养孩子对公众演说的信心与乐趣。**

曾经有过一位同学非常排斥上台，即使卡内基教室内充满鼓励包容的气氛，他还是无法放松自己。看他情况特殊，讲师不免课后私下找他了解状况。原来他是一位演讲的受害者。小学时，他曾经被选为班上代表参加学校的演讲比赛，老师比他还紧张，帮他准备讲稿，要他背个滚瓜烂熟，还跟他预演了好几次，什么地方要提高声调，什么地方应该抬手做个手势，都完全设计好了。他也认真准备了，演讲轮到他时，上台一看，台下人人定睛看着他，他不免开始紧张起来，这个状况可是跟老师预演时完全不同的。他开口背了几句讲稿，忽然间，脑子里一片空白，脸却开始涨得通红。台上一秒钟有如10年那么长，他自己也不知道在台上待了多久，反正在大家的哄笑声中，他非常狼狈地走下台。走到后面老师过来劈头就是一巴掌，恨恨地说他真是给班级丢脸。从此，他恨透了上台说话，甚至在人多的地方说话都会令他紧张。因此，虽然他强迫自己到卡内基教室来改善团体沟通，但是，对于上台讲话，他其实是又恨又怕的。卡内基讲师了解状况后，决定陪他一起站在全班同学面前，使他感到讲师就在身边支持着他，加上讲师不断地赞赏他挑战自己的勇气。全班同学也都毫无保留地愿意看到他的突破。他终于渐渐地可以上台讲话了，后来甚至愿意主动发言。他发现自己克服了最恐惧的事，弥补了受伤的心灵，重新找回当众说话的自信，真的令他开心极了。这种自信的提升，不只让他有能力当众发表自己的意见，更重要的是，他几乎脱胎换骨，像是换了一个人似的。原来如同闭锁在一个硬壳中，他的人生态度被动消极，希望越不引起他人注意越好，而现在却能如同阳光般，主动积极地跟人打招呼说话了。

所以，团体沟通并非只是上台演讲这么简单。团体沟通的能力，与自信、积极、主动、影响力及领导力都是密不可分的。有时成为良性循环相辅相成，万一成为恶性循环，就会相互抵消，无法发挥自己的所长，这也是很多人觉得郁郁不得志的背后原因。可惜，有很多人至今都不知道这个道理。

❋ 引导孩子发挥影响力与领导力

如果成人能具备感同身受的同理心，就能体会孩子在学校的人际关系是多么重要了。不但与同学的关系会令孩子烦恼，更严重的是孩子与老师的关系。

初中生姚逸群，原来很容易受到同学之间的人际问题所影响。其实，青少年时期的孩子，本来就很容易因为人际关系的问题而备受困扰。

有时无话不谈的两个好朋友，为了一点芝麻小事起了口角，忽然彼此不说话了。双方都非常难受，可是也都不知道该怎么处理。谁先开口就像是谁先低了头，只好一直僵在那儿，有的孩子，甚至因为有那么一个不知如何处理的同学关系，而不想去上课了。但是，他们通常不会告诉父母，父母通常根本也不会问，结果只有憋在心里特别难受。

逸群在卡内基青少年培训中，学习如何掌握人际关系，因此，回到学校，发现自己只要运用卡内基人际关系原则，就可以处理好许多同学之间的矛盾。不但自己与同学的关系顺心起来，甚至还能调解其他同学之间的关系问题。他能帮助同学表达自己心中的想法，鼓励他们不要藏在心里不敢说，否则会造成彼此的误会。已经产生了误会的同学，逸群也能运用沟通能力帮忙他们化解。 同学们很自然地把他当做了意见领袖。其实，更重要的是，逸群自己不再被原来那些乱七八糟的是非所烦恼，因此，减少内耗，可以把更多精力集中在学习上，学习成绩也就明显提高了。

青少年人际关系的问题，绝对不容小觑。大人们觉得小孩之间的打打闹闹不算一回事，可是对孩子来说，却会影响他上学的心情。他们对于自己的情绪常常不能理解，如果没有辅导，不知道应该如何面对及处理自己的各种负面情绪，当然更不会处理关系上的问题。这些困扰造成很大的精力内耗，常常因此影响学习。试想如果与邻座同学原来形同死党或闺密，突然两人因为小事断绝来往，上课还得坐在一起，对于他们听课的心情会产生多大的影响，我们成人也应该完全可以体会。

成人可以想想，如果自己在公司内部的人际关系不佳，或跟某人相看两相厌，每天上班又得跟这些人打照面，甚至必须一起开会、讨论事情、合作项目。即使是成熟的成年人，不免也会觉得压力很大，不想上班吧？根据许多关于离职原因的调查，都显示离职换工作的头号原因，不是因为待遇，而是因为有人际关系的问题。

如果成人能具备感同身受的同理心，就能体会孩子在学校的人际关系多么重要了。

不但与同学的关系会令孩子烦恼，更严重的是孩子与老师的关系。大部分功课好的孩子都与老师关系不错，这可以理解。可是，反过来想，也可能是因为先与老师关系良好，孩子遇到学习上的问题敢提问，老师也有耐心解答，因而孩子在该科目表现优异。因此，与老师的关系，绝对会影响孩子的学习成效。

父母常常忘记了自己在学校学习时所经历的酸甜苦辣，学习再重要，也绝对不是学校生活的全部。优秀的学生，也可能有严重的人际关系问题，如果不具备影响力与领导力，同学就可能会嫉妒他，嘲讽他是老师的宠物，故意不跟他玩，有意孤立他。这些都是天天在学校生活中发生的。只是父母如果没有给孩子抒发的机会，孩子通常也就藏在心里不说出来，自己觉得很糗，说出来也不光彩，指不定还要挨批评，何必呢？

李梦泽是个高三学生，本来个性被动的他，从来不会主动找同学聊天，总是抱着手臂站在旁边，等着别人来和他讲话，如果没有人找他，他就一个人待着。在学校，下课时也常常一个人独处，无法跟其他同学打成一片。他这种被动消极的脾气，竟然在卡内基暑期青少年培训后，发生了很大的改变。新学期开始，他回到学校后，敢于主动找同学聊聊暑假发生的事，甚至有自信主动找老师或家里的长辈说话。这表示他的自信提升了，想要影响周遭的人，由于能够主动地与周围的人建立关系，不再独自畏缩在自己的小世界中，他所感受的压力也因此相对减少了。这帮助他在高考时发挥出自己最好的水平。

很少父母会联想到，当孩子能有自信在学校的同学师生关系上发挥主动积极性、发挥影响力，甚至领导力，开创一个令自己舒适的人际互动网，他就能减少内耗，更轻松自在，更有自信地面对学习与考试，更能集中注意力、心无旁骛地全力以赴。

人际关系改善了，成绩也能间接地获得提升。

就像念高中的胡奕辰，就是因为与老师相处得不融洽，心理压力特别大，上课很难专心，有问题又不敢提问，总是觉得老师不喜欢自己。在这一科目上更是没有自信，不但因此学习成绩不佳，而且持续发着低烧，经常请假，不得不在家休学一年。休学期间他来参加了卡内基培训，学习并练习如何有效提升自信、克服压力。回到学校后，奕辰懂得如何更好地与老师沟通，建立良好的师生关系，学习更加积极主动，复课后不久就成功地获得省级化学竞赛二等奖，并且在高考时，分数比全河北省一等分数线还多出30多分。

能够处理好师生关系，对于孩子的学习真是何等重要！

16岁的段蘅倩常常为父母之间的争执及不快感到烦恼，当父母亲彼此恶言相向时，虽然她躲在自己的房间里，却能感觉一股寒意在心中升起。如果他们两人再冷战几天，家中气氛犹如冰窖，蘅倩会觉得很难过。

她深知父母都很爱她，因此，一天晚上她鼓起信心，开始给爸爸写一条很长的手机短信，其中主要提到自己很希望改善跟爸爸的关系，以便能成为一家三口关系之间的黏合剂，衷心地期望一家三口之间能够减少争执与不快。她的主动发挥影响力，让爸爸很感动，很快地收到爸爸回的短信，说："女儿懂事了，爸爸非常爱你！"蘅倩很自信地在家庭的关系中，发挥了自己正向的影响力，多么有意义！

杨九阳的妈妈几天前把手机给弄丢了，手机内存有很多亲朋好友的电话号码，妈妈心里非常着急，又懊恼自己怎么不仔细点儿。上过卡内基课程的九阳，看到妈妈这样焦急的表情，就安慰妈妈说："妈妈，你的手机很旧了，也该换个新的了，现在3G手机功能非常多，正好就此换一个3G

的新手机。至于你原来手机中的通讯录，还可以从爸爸那里拿到，其他人的，也可以通过朋友慢慢收集。妈妈，你就不要太难过了。"妈妈很开心儿子能这样安慰自己。也许妈妈并没有觉察到，九阳能劝解别人的难过情绪，帮助别人将心情由负转正，这正是一种非常难得的影响力，也是领导能力的基础，对于未来的工作及生活上都是重要的成功动力。

第五章

教导孩子对自己负责——向溺爱宣战

　　父母溺爱子女的最严重后果，就是剥夺了孩子为自己负责任的机会，以至于他们虽然成人了，仍旧有推卸责任的习惯。子女对父母予取予求的结果是，他们以自我为中心，不识现实，永不满足，容易产生行为偏差。更因为缺乏责任感，他们经受不起一点挫折，更无法感受生命的价值。

2006年台湾《商业周刊》曾经作过有关"溺爱战争"的专题报道，文中宣称1980年后出生的孩子，是发病率最高的群体，自2000年以来，这是全球儿童教育最为忧心的现象。这个现象已经出现在英美等国，美国有八成的受访者认为，现在的孩子仅与15年前相比，就已被宠爱过度了。

在发达国家中虽然家庭生育普遍少子化，但终究还不像中国规定的一胎化政策，相信溺爱问题也会在国内很快浮出水面，引发父母、学校及社会的重视。前面几个章节，都是在探讨父母如何建立自己的自信，从而增强孩子的自信，再通过良好的沟通能力，了解孩子的内心世界，并且提醒父母重视培养独生子女的人际互动能力、提高子女的情绪智商。至此，我们要进一步探讨的是，如何辅导孩子为自己负起责任来，成为能够自律、自控、自我管理良好的青少年。

父母溺爱子女的最严重后果，就是剥夺了孩子为自己负责任的机会，以至于他们虽然成人了，仍旧有推卸责任的习惯。子女对父母予取予求的结果是，他们以自我为中心，不识现实，永不满足，容易产生行为偏差。更因为缺乏责任感，他们经受不起一点挫折，更无法感受生命的价值。

因此，以下五个小节，就是希望父母能够以前面几章所探讨的态度及能力作为基础，成为孩子负责任的榜样，从而要求并协助孩子养成负责任的习惯，并且多多练习解决问题与处理压力的能力，才算恪尽了现代父母的职责。

✿ 以身作则教导孩子负责任

父母有责任让孩子了解，每个人的手中都握有一把"快乐的钥匙"，快乐与否完全由你自己决定，不是别人，甚至不是你的父母。

在我们开始探讨"对自己负责"之前，我们应该先弄清楚何谓对自己负责，负的是什么责任。

这一小节所探讨的负责任将集中在"为自己的情绪负责"的主题上。

一个3岁小儿不慎跌倒在地，他立刻张口号啕大哭，同时，用力拍打地板，这时妈妈也会安慰他："宝宝，不哭，都是地板不好，妈妈打地板！"当孩子幼小时，为了安慰孩子尽快停止哭泣，父母确实责怪过很多可笑的东西，像是桌子角啦（碰到宝宝的头），或是椅子啦（挡在路上害宝宝摔跤）等等。

现在，想象另外一幅画面，一位成年人度过了诸事不顺的一天，在路上堵了一个多小时好不容易才终于到家，一进门看到孩子在看电视，无名火冒上来挡也挡不住，就开口骂道："就晓得看电视，我这么辛苦到底为了谁？我还不如养条狗省心。"这个成年人，到底和前述的黄口小儿有什么差别呢？

希腊哲人亚里士多德说过："谁都会生气，这没有什么困难，但是要能在适当的时间、地点、以适当的方式、对适当的对象表现恰如其分的怒气，那可就难上加难了。"可见，生气愤怒本是人类的情绪，不可能完全去除。重点是如何控制与抒发情绪，才能对亲子互动带来正向的影响。**不要忘了，你的一切情绪反应，孩子都看在眼里，并且无可避免地成为他模仿的对象。**

如果我们感受到负面的情绪，例如：生气、挫折、懊恼、伤心、难过、痛苦等等，有时候我们会跟自己说"我不应该有这种感觉"，这是完全不必要的，因为情绪并无对错可言。所以，除了首先能认识自己的情绪之外，第二步就是能接受自己的情绪，跟自己说"我现在很生气"，当我们承认自己有了这种情绪后，才有可能进到下一步，那就是找出原因，为什么我会生气，我在生谁的气，到底在气什么。当我们心中进行着这种思考的过程时，就能让自己比较有选择的余地，也许你决定是应该向某人表达生气的情绪，如果表达恰当，对两人的互动可能也会发生正向的影响，当然你也可以选择不发作，用别的方式来处理自己的怒气。

孩子可以看到，我们对自己的感觉负责任，我们既不逃避更不扭曲自己的感觉，这是一种重要的学习过程。有时我们因为某事或某人生气，这个情绪其实跟孩子无关，如果孩子这时过来找你，对自己感觉负责任的父母，就可以坦诚地告诉孩子："我现在心情很不好，正在烦恼，跟你没关系，你先自己去玩一会儿，等我好一点，就会去找你，好吗？"这种"响尾蛇"式的预警法，可以避免很多莫名其妙对孩子乱发脾气、事后又后悔的情况。当我们心情不佳时，这种表达方式是可以接受的，因为父母并非超人，也会有自己的情绪。这个时候，可以向孩子甚至家人，主动发出警告："我现在心情不好，请暂时不要惹我。"等自己把情绪处理好了，再跟孩子或家人分享情绪转折的过程，不但避免自己的负面情绪伤及无辜，也给孩子立下了一个非常好的榜样。

人人都会有心情欠佳的时候，但是自己应该先分辨清楚是什么样的负面情绪，并让周围的人体谅你目前的不快心情。当家人能够相互包容担待，才能是令人感觉贴心。等情绪过后，你不妨谢谢家人的体谅，当面对孩子表达感谢，也是一种身教。

父母有责任让孩子了解，每个人的手中都握有一把"快乐的钥匙"，快乐与否完全由你自己决定，不是别人，甚至不是你的父母。作为成年人，起码表示你有能力为自己的幸福负责，如果你也希望你的孩子日后能为他自己人生的幸福负责，你就必须重视自己在这方面的身教，因为，这不是知道，而是真正可以传授给子女的人生智慧。

父母的人生态度，正是子女面对人生最重要的参考指标。

自律是孩子负责任的基础 ❋

> 孩子本身如果没有免疫力，不知如何抵挡各种诱惑，很有可能让自己深陷麻烦之中。不论是较为严重的网瘾、酒瘾、烟瘾、超速、滥交等问题，还是比较轻微的乱发脾气、伤害自己与他人、过度情绪化，这些无不与孩子自我控制的能力有关。

在一胎化的政策下，国内一个孩子有六个长辈在宠爱着。本节即将探讨的是，如何在这种环境下，养成孩子的自律。懂得自我控制，才能勇于负责，成为真正有为有守的社会栋梁。

上一节提到父母自我控制的能力，以及负责任的态度，是孩子在这方面学习的最主要最直接的典范。不过，父母也不必因此觉得压力过大，担心自己必须成为完人或超人，那样反而不真实。只要尽力而为，在做不到或做得不够好时，能够坦然承认自己的不足或缺失，对孩子负的责任态度，可能是更为重要的一课。

父母对子女的管教，什么都比不上教导孩子培养自律及自我控制的能力来得重要，与此相比，就会发现父母平常少唠叨一些穿衣吃饭的琐事，把话语的分量集中到这一点上才更有价值。

我们一直以为智商高的人就能成功，但是，现代心理学家丹尼尔·戈尔曼在《情商》一书中，通过各种研究打翻了这个错误的认知。这是人类第一次认识到自己的情绪控制能力，也就是情绪智商对于自己一生的成功与幸福如此重要。认识到这一点后，父母就应该改变教育孩子的方式，帮助他提升管理情绪的能力。

心理学家沃尔特·米歇尔(Walter Mischel)曾经做过一个非常有名的糖果实验：把一群四五岁的孩子集中在一个房间内，桌上放着令人垂涎的糖果，实验人员告诉孩子，自己必须出去一会儿，如果不想等他回来，现在就可以立刻拿一颗糖果吃，可是如果愿意等他回来再吃的话，就有两颗糖可以吃。这些孩子，由于各自控制冲动的能力不同，有的迫不及待地立即拿起一颗糖开始吃，另有一些小朋友则努力克制自己的冲动欲望，用各种看来可爱的方式，度过了感觉十分漫长的十几分钟，等实验人员回来，拿到了两颗糖果。

这个实验的重要结果，出现在对这些孩子长达十几年的追踪上。当时能够压抑冲动控制欲望的孩子，十几年后，不但令人意外地学习成绩比较好(这个行为原本应该与智商完全无关)，而且社会适应力及人际关系都比较好。反之，立刻享用糖果的孩子到了青少年期，出现各种负面特质的情况远高于前者。作者戈尔曼带给读者的好消息是，虽然控制情绪与压抑冲动都是一种生存本能，否则不会出现在四五岁儿童的判断中，但是，这种情绪智商的能力，还是可以通过学习而改善的。反倒是IQ（智商），很多心理学家认为无法通过后天努力而改变。我们可以在此总结一句话，**自我控制的能力远比智商来得重要。**

更有意思的是，另一项心理实验证明，通过讲解及提供奖励措施，就可以训练原本难以抵御诱惑无法控制自己的小朋友，使他渐渐对自己也能具有控制力。因此，自律及自我控制，不但对孩子未来的成功及幸福很重要，更重要的是，这是可以训练提升的。

德国人向来以自律及自控自豪，去过德国的人，都对于即使深夜路上看不到一部车，德国人还是自发地遵守交通信号指示与规则而印象深刻。他们从小就加强培养小孩的自我管理，由于家庭是培养孩子自律及自控最重要的一站，父母在提供温情的同时，也要求孩子必须遵守家中的许多规矩。虽然对于犯规也定有"软性惩罚"，不过，他们多数还是采用鼓励的方式，尽量激励孩子遵守规定。

控制自己延迟享受，被认为是现代儿童最为重要的训练。由于科技的发展，各种诱惑真的层出不穷，日新月异。孩子本身如果没有免疫力，不知如何抵挡各种诱惑，很有可能让自己深陷麻烦之中。不论是较为严重的网瘾、酒瘾、烟瘾、超速、滥交等等问题，或是比较轻微的乱发脾气、伤害自己与他人、过度情绪化，这些无不与孩子自我控制的能力有关。

我们在此提出几个简单的策略，帮助父母培养孩子的自律及自控能力：

1. 尽力成为孩子的典范。如果父母失去控制，大发脾气、口出恶言或行为粗暴，事后务必坦诚向孩子承认错误并道歉，再表示自己会继续努力控制情绪。

2. 提供孩子足够温暖的感情支持，加强孩子的自信心与自尊心，让孩子对父母的爱产生完全的信赖。这些是管教孩子自我控制的主要基础。

3. 提出奖励办法，来鼓励孩子养成良好的自律行为习惯。

4. 多与孩子讨论各种不同的反应或行为所带来的不同后果，让他能渐渐明白，虽然短期内必须克制自己，却是对自己与他人更成熟的做法，举出一些小不忍则乱大谋的实际生活例子。

5. 在孩子青少年期，父母的管教与孩子的自我管理之间有一种微妙的平衡。在要求他自律的同时，父母要能渐渐松手，放出多一点的自由给他，同时仔细观察孩子适应的状况，并不断作出调整。总之，其目的是在自由与管束之间求取平衡。

有一位高中女生想去同学家参加庆生会，她期待这一天已经很久了，一切都准备妥当后，她问爸爸应该几点回家，爸爸忍住了直接说出自己心中所想的规定时间，反问女儿："你觉得应该几点回家比较安全？"女儿想了一下说："我想10点回家，可以吗？"爸爸又问："如果你想10点到达家里，你应该几点从你同学家离开呢？"女儿又仔细计算了一下时间，回答说："那我看9点20分就得离开，搭乘城铁回来就可以控制时间了。"爸爸同意了。父亲让女儿提出对自己的时间限制，她做到的可能性就会大幅提高。

6. 自我管理离不开目标与愿景的订立。

帮助孩子在生活及学习上订立小目标，常常会激发他们想要管理好自己达到目标的意愿，证明自己不用父母管，也能做好一件事情。俞昌廷的数学成绩一直不理想，他自己也总是提不起劲儿来，心中虽然知道这事重要，但总是懒散地不采取行动。家长很着急，因为暑假过后，想转入国际学校，会有入学考试，数学不及格可就会被退学的。有趣的是，他来上了卡内基青少年班第三讲之后，就自己定了一个热忱承诺，每周3次，每次学数学不得少于一小时。昌廷的行动计划很具体，也非常可行，因此，他真的完成了这个承诺，对自己更有信心后，就更积极地投入时间补强数学了。

自我管理是可以训练、可以增强的，父母只要按照方法，先由自我要求做起，再与孩子共同成长。家中的规定，多给孩子参与制定过程的机会，在收放之间多与孩子讨论达成共识，至于孩子违反规定时该如何处理，我们将在下一节提出讨论。

✳ 引导孩子为过失负责

处理过失时，父母的态度至关重要。父母自己是如何看待错误的？父母是否自己觉得犯错很丢脸，而连自己也不愿承认？父母自己犯错时，是如何处理的？父母自身是否倾向于将错误的行为与个人的价值混为一谈？父母是否认为孩子犯错是在故意找自己麻烦？为什么会有这种想法呢？

孩子在成长过程中不可能不犯错即使成年后也不例外。我们不是都听过"孰能无过"吗？

可是，很多父母在孩子犯错时，常常反应激烈，情绪失控，以至于造成孩子对犯错过于恐惧，只得找借口逃避责任，更别提愿意为过错负责，或能从过失中学习了。

根据调研，七成以上的家长曾对孩子实施暴力。在家长打孩子的原因中，孩子撒谎是最主要原因，它占了34.5%，其次是不服从家长命令，或者待人接物失礼。

很多人认为，孩子撒谎是违反诚信原则，因此，父母多半觉得必须采取强烈手段。姑不论其手法是否能有禁止之效。对于撒谎的看法，成人是否过于双重标准？有哪个人敢摸着良心，说自己从来没撒过谎？从小我们就被教导应该诚实，可是聪明的孩子自然会发现，有许多时候诚实并不讨好，趋吉避凶才是上上之策。等到我们终于能够分辨什么是无伤大雅的白色谎言，什么谎言真正有损诚信，那就真的是成熟了。

几乎所有接受卡内基咨询顾问访谈的孩子，在被问道"犯错时，希望如何被对待"时，几乎所有的回答都是希望父母不要过于严苛、雷霆大发、声嘶力竭，最好能够对他们循循善诱，以理服人。可见孩子并非不想讲理。很多错误，也正是可以通过沟通，来让他明白事理的机会。但是父母失控的情绪，却使得这种学习机会付之东流。

处理过失时，父母的态度至关重要。父母自己是如何看待错误的？父母是否觉得犯错很丢脸，而连自己也不愿承认？父母犯错时，是如何处理的？父母自身是否倾向于将错误的行为与个人的价值混为一谈？父母是否认为孩子犯错是在故意找麻烦？为什么会有这种想法呢？

孟子提出"人之初，性本善"，美国人认为："孩子出生时如同一张白纸，因此，没有天生的坏孩子。"孩子后来成为问题人物，很少与父母脱得了干系。而处理过错，更常常是决定孩子未来善恶的分水岭。处理得好，孩子将认清自己的过失，并愿意为其负起责任来，形成自我管理能力提升的良性循环。反之，则造成文过饰非，阳奉阴违，逃避责任的恶性循环。

关于责成孩子负责任，有以下几个重点：

1. 父母先为自己的过失负责

身教重于言教。要教导孩子勇于负责，父母自己绝不能逃避。孩子的眼睛是雪亮的，父母明明不对，还不肯光明正大地承认错误，反倒找各种借口替自己开脱，这是对孩子最坏的身教了。让孩子觉得犯错是可怕的，连父母都不敢承认，责任是可恨的，连父母都不愿承担。

2. 父母能先控制自己的情绪

犯错时，当事人即使是小孩子，也多半会有自知之明，因为知道自己犯了错，所以心中不免产生愧疚，自信大幅下降，对后果的恐惧造成更想要逃避的心态。如果此时父母再无法控制自己的失望或生气的情绪，也许出口伤人、出手伤身，都有可能造成令自己后悔的后果。因此，强烈情绪下，不宜立即处理犯错的问题。最好设法让自己先冷静下来，恢复一下理智，分辨自己的愤怒原因为何，是否已经对于过失有了客观的了解，还是尚未给孩子解释的机会？

3. 厘清处理过失所期望的结果

错误已然发生了，不论其严重程度是轻是重，都必须谨记，处理过失的真正目的是：（1）教导孩子认清这是错误的行为；（2）得到孩子的承诺尽量努力避免重犯；（3）让孩子接受错误行为的责任，有时也许必须付出某种代价来弥补对他人所造成的伤害。为了达到这几个目的，父母一定要在心平气和的理性状态下，运用良好的提问与聆听能力，才能客观分辨孩子过失的严重性，并让孩子看到你所作出的决定是经过审慎思考的结果，不是随兴所致或情绪化的结果，才能让孩子口服心服，并从中学习到以后自己面对错误时的处理方法。

4. 处理过错应以错误的行为为标的，而不是以当事人本身为对象

这是一个很重要、最根本的区别。受到人身攻击时，个性平和的孩子只有忍气吞声，自尊及自信受损；而个性倔强的孩子，则可能顶嘴反击，给自己带来亲子都不想要的更为严重的后果。因此，父母一定要分清楚，孩子犯错，只是出于某种原因做错了一件事，或采取了一个不符合社会规范的行为。请特别注意，错误的行为才我们想要纠正的。不能因为他做错了一件事，就成了"坏孩子"。"枉费我对你这么好！"（意思是你根本不值得！）最可怕的是，传达给孩子一个信息："我不再爱你了，也不再喜欢你了，因为你很坏，不听话，让我失望伤心。"这些语言，在孩子心中留下的阴影及伤害是长远巨大的，有时比体罚还更具有杀伤力。如果连这样的伤害孩子都承受了，那么他还需负什么责任呢？孩子会认为：就算我做错了事，我也已经付出了代价，两不相欠。有些个性倔强的孩子，以后照样重犯，反正知道必须付出那种代价，他干脆就豁出去了，到头来真的是亲子两败俱伤。

前文的"期许理论"中提到，反期许也同样有效，父母不断强调"坏

孩子"也等于是一种期许（虽然是反面的），孩子听多了易于自暴自弃，无法自尊自重，最后，实现了"坏孩子"的期许。

这种情况下，孩子是无法从错误中学习的，也就表示这种处理方式是失败的。

无论成人或孩子，只要自信提升了就比较勇于面对错误，这是屡试不爽的，因为他们敢于相信自己瑕不掩瑜。以下是一个大学生的事例：

> 宋卓春节回家过年，初三晚上正准备吃晚饭的时候，爸爸从洗手间出来，当着全家人的面，冲着宋卓很严厉地批评说："洗澡水的电闸又忘记拉了吧？你自己进去看看，满屋子都是烟，多危险！你怎么总是这么粗心大意的……"大家都放下筷子，看着宋卓。只见他站起身来，向洗手间走去，嘴里平和地向爸爸说："对不起！爸爸，是我忘了啦，我下次一定会注意的……"回来后，全家继续有说有笑地开始吃饭。大家都夸赞宋卓长大了。因为，宋卓原来脾气特别倔强，一听到爸爸批评他，不是摔门出去，就是躲进房里谁也不理，闹得全家布满火药味儿，人人都不开心。上过卡内基训练后，他的自信大有提高，爸爸虽然没有改变，但是，宋卓能体谅这是爸爸的批评习惯，自己就是做错了，有自信承认改善，就可以大事化小，小事化无，根本不值得顶嘴生气。他甚至还有能力在大人闹别扭时，帮助大人化解矛盾了。这表示他的影响力也大有进展。

来北京上初中的衣云鹏，暑期接受了卡内基青少年班的培训。他借住在北京阿姨家里。有一次他想借用姨父的电脑给同学发邮件，但是姨父的母亲不同意。他跟老人家争执起来，最后发脾气说："不让用就算了，也没什么了不起的！"进屋关上门，自己生闷气去了。他心情平静一点后，他想想卡内基所教的，觉得自己不管如何，都不应该对长辈发脾气，云鹏决定过去道歉。他走到厨房对姨父的母亲道歉说："奶奶，对不起，我刚才不应该发脾气的。"奶奶的反应也很好，立即笑了笑说："没关系，以后注意点就行了。"这个孩子虽然年龄不大，但是有自我反省的能力，能为自己的行为负责，真的了不起！

成人当然应该更有能力为自己的行为负责。有一位成人班的学员李顶，计划带8岁的女儿一起外出游玩，由于个性很急，开始时她很不耐烦地要求女儿快点收拾，不要磨磨蹭蹭的。也许是口气听来很不和善，女儿越来越不配合，李顶更是烦躁极了，不满的情绪明显地挂在脸上。这时忽然她想起了所接受过的卡内基训练，要想影响别人，光发脾气只能收到反效果。于是，她立即运用卡内基赢得合作金科玉律第十二条"如果是你错了，立即断然承认"的原则，李顶马上跟女儿承认自己脾气太急，并说："宝贝，妈妈刚才不应该对你发脾气的，是妈妈的不对。"没想到女儿立即转变了态度，开始主动地与妈妈配合，即使梳辫子时妈妈使劲过了头，女儿也忍耐住了没有喊叫。母女两人出门在外面快乐地玩了一天，感觉特别融洽。这位母亲为孩子做了一次"为过失负责"的好榜样。

可见，愿意承认错误，为自己的行为负责，是一种可以培养的心态，只要先提升自信，学习了解自己的优缺点。接纳自己有时候会犯错的事实，我们就能从错误中学习。**当我们能为自己的行为负责时，我们的自尊就会提高，更会有效地影响到我们的情绪智商以及与他人的互动。**

✻ 数字化时代提高孩子自控能力

> 孩子的自我管理必须发自于内心，无法强迫而来。我们只能激发起孩子的欲望与愿景，引导他通过自我管理，来加速达到其目的。有了多次成功的经验，孩子就会慢慢养成好习惯。

　　刘舫汝是个初中生，本来并没有订立目标的习惯。她在暑假期间接受了卡内基青少年情商与领导力训练时，在全班同学面前，订立了自己3个月后的愿景。开学回到学校后，第一学期的第一次月考就发挥得特别好，考了全年级的30名，比原先的成绩大有进步。更令她开心的还不只是考得好，而是她经过努力，真的实现了当时在卡内基教室中所订立的愿景。懂得运用愿景的力量来管理自己，这种能力一生都受用。

　　孙晓美接受过卡内基青少年培训后，自己订立了暑期学习计划，甚至把它挂在BBS网站上，让卡内基同学一起督促她完成计划，所以，她自己能够越来越有计划性，也就越来越自信、有目标。

　　李浩然也念初中，以前放假时晚上玩得忘了时间，特别晚才睡，第二天通常不到10点钟根本起不了床，但是增强了自我管理能力后，无论晚上几点休息，第二天早上都能要求自己8点多起床，安排好自己的事情，完成自己的作业。连他自己都因此感觉过得特别充实，对自己也更有自信了。

这类的受训收获可说不胜枚举，有些学员原来数学或英文的成绩特别弱，几次考试挫败后，他们更不爱学习，形成了恶性循环，上了卡内基课程后，他们都能通过订立目标，要求自己每周、每天投入更多时间在自己需要加强的科目上努力学习。有的学员更能自动自发要求自己，将上网、玩电脑游戏的时间控制在自己所设定的时段之内。

订立目标与描述愿景，其实只是卡内基青少年课程中的一小部分，但是，其实际成效却常常是惊人的，很多父母努力了许久无法收效的事，就在几周的青少年班中大获改善。为什么呢？

习惯于事事有父母在后面督促、老师亮出分数权威等所有被逼迫而采取的行动，都不能激发一个人自我管理的动机与动力。孩子与成人面对高压的反应，其实并没有差异。

孩子的自我管理必须发自于内心，无法强迫而来。因此，一味只想通过要求、威胁、恐吓不但不能奏效，而且只会带来反效果。父母如果担任管理岗位，一定会同意成人的自我管理也同样无法强求得来。你可以强拉一匹马到河边，却无法强迫它喝水。马必须自己觉得口渴，才会主动喝水。自我管理也完全一样。我们只能激发起孩子的欲望与愿景，引导他通过自我管理，来加速达到其目的。有了多次成功的经验，孩子就会慢慢养成好习惯。

因此，当卡内基学员都被要求作出承诺，承诺自己在某方面改善自我管理时，每个学员自然就会受到同辈的督促压力，又因为大家都必须回到教室做口头分享，每个学员的荣誉感自然促使他回去采取行动。一旦他行动起来，就会开始看到好结果，有好结果就会更喜欢自己，更满意自己有能力管理自己，不再需要有人不断督促。青少年开始觉得对自己更有掌控力，这不仅是一件很酷的事情，同时更表示自己长大了。

我们常常提醒家长，任何人在尝试新做法，养成新习惯时，都是比较没有把握的，也是心情比较矛盾的时候，因为改变总是带来不确定性，在怀疑中坚持下去并不容易。所以，除了卡内基教学小组及全班同学的影响，父母此时的适时肯定与增强也是至关重要的。只要孩子有一点点改进，就要立刻及时地赞赏他的努力，使他得到鼓舞，有力量继续努力下去。

人人都有自我提升的渴望，谁都希望被别人看得起，在父母、亲友、老师、同学面前能抬得起头来。其实，孩子比成人的自尊还脆弱，脸皮还更薄，他们可是很重面子的。卡内基就是掌握了这种人性深处想要得到肯定的渴望，而设计出青少年课程。只要让孩子开始感受成功的滋味，他的自信与自尊就会相对提升，这时在旁边的人，只要不打击他、诋毁他，而是顺势赞赏肯定，推动他更往上努力，他自己就会找到自动自发的力量了。

网络游戏之设计，原需极尽吸引之能事，希望玩家爱不释手、无法克制。这也表示，如果父母无法提供更大的吸引力，让孩子愿意在网络游戏中玩得有所节制，那么，这场比赛，父母就输定了。

可是，说难也不难。只要孩子能从家庭中得到足够的重视、接纳与了解，那么他就会有意愿，也会有意志力克制自己，回到正常的生活轨道上。

胡宇恒的妈妈分享道："刚上初中的胡宇恒，常常闹情绪或爱抱怨，他觉得课业太紧了，都是主课，副科太少。在学校压力好大，没有什么乐趣，回家写作业时，更是问题一箩筐，搞得我也生起气来，又不知道怎么教导他才好。正烦恼时，决定先参加卡内基青少年情商与领导力班试试看，结果，也不知道怎么会发生这样的改变，宇恒学会调解自己的情绪了，学校回来不再像以前一样老喊累，写作业时也不再拖拖拉拉，因为开始得早，就不会写到很晚，反倒还有些时间可以轻松一下，玩会儿电脑再上床，心情也因为这种劳逸结合，而不再怨天尤人，同时学习效率也因此提高了。我特别高兴！"

天津的学员曹晏榕也分享："上卡内基之前，看电视、玩电脑时总是停不下来。可是，现在我会在开始玩的时候，就给自己设定一个小时玩的时间。"因为是自己设定的，到时自己遵守了自己的规定，也就觉得更有成就感，这种成就感推动孩子，愿意更加强自我管理，成为良性循环的推动力。

怎么样才能让孩子有节制地玩网络游戏？并不是一个简单的问题，网络游戏上瘾或无节制，其实只是冰山露出海面的一个小角，水底下的大部分才是真正严重需要全力对付的问题。这样的回答，对于想寻求"立刻见效"式的解决方案的家长，当然难以满意。但是，养育孩子确实没有药到病除的速简办法，真是抱歉！

✳ 培养孩子处理问题与压力的能力

眼下备受宠爱的孩子，往往被剥夺了自行解决问题的机会。从出生之后，所有生活琐事都是父母或长辈代劳，自己几乎不用动手。

我们都知道，成熟的人掌握自己的人生幸福，也都听过："决定人生幸福的，不是命运，而是抉择。"

当万事顺遂如意的时候，谁都觉得能对自己负责，有能力自己把人生处理得很美满。

可是，当一个人不能或不愿为自己人生负责时，通常都是遇到瓶颈或坠入谷底，或是诸事不顺的时候，在这个关键时刻，才能分辨一个人到底是否真的能为自己负责，还是只会把各种不顺遂推到各种理由上，给自己找出借口来开脱责任。可能是时运不济啦，遇人不淑啦，时机太差啦，金融危机啦，各式各样的理由，阻碍了自己为自己负责任。因为找借口实在是简单多了，也轻松多了，只可惜，也让人难有长进。

因此，只有当遇到压力与困难时，才是为自己负责的挑战时刻。如果有能力处理压力解决问题，那么，对自己负责也就易于贯彻了。

眼下备受宠爱的孩子，往往被剥夺了自行解决问题的机会。从出生之后，所有生活琐事都是父母或长辈代劳，自己几乎不用动手。当我们看到孩子手忙脚乱地穿一件衣服，或是总是系不好鞋带时，最应该做的不是立刻帮他做好，而是应该耐心教导并等待，然后让他学会自己处理，即使孩子做得不如父母又快又好，但是这些都是设法让孩子自己面对问题或困难的机会。生活中的小问题有能力处理得好，其实已经解决了人生中绝大部分的问题。因为，很多严重的问题，都是因为没有及早解决小问题，慢慢累积成为大问题的，并给人造成巨大的压力。

徐博华刚升上高中，就觉得离高考近了，他从小就喜欢建筑，一直梦想着考上最好的大学，现在就开始为考不上理想的大学而担忧，有时候连睡觉都不踏实。不过，暑假他上了父亲代为报名的卡内基训练班，其中有一个重要的部分，就是如何面对压力解决问题。博华对此很有领悟，他感悟到，未来尚未发生的事其实都不确定，唯一能够把握的其实只有今天，只有今天才是实实在在的。他决定采取卡内基克服压力金科玉律第一条原则："活在今天的方格中"，只要努力做好当天该做的事，就会感到充实，也就离自己的目标近了一步。博华做到了立刻停止像过去那样无谓地忧虑，以积极的心态面对每一天的生活。他更进一步制定了一本计划手册，仔细规划每天甚至每一小时应该完成的任务。回想起以前那种折磨人的生活，博华发现新生活是如此充实，简直可以说是天壤之别。

李钟宇虽然才小学五年级，就在接受卡内基训练后的新学年开始时，每天早上以"一切由我开始"的格言，起床迎接新的一天。念过格言后，他要求自己想到3件事：(1)有成就感的事；(2)需要坚持不懈的事；(3)最快乐的事。这样开始一天新的生活，钟宇过得非常快乐，因为，他总是带着积极正向的心态，迎接每一天。这看似与解决问题与压力无关，其实，只要能拥有正向的心态，就是减少压力与问题的最佳措施。

戴尔·卡内基曾在他的名著《如何停止忧虑开创人生中》一书中，提到一个小故事，一棵高大的树木突然轰然倒下，这棵树已经活了400多年，历经数不清的雷电狂风依然屹立，那么，怎么会好端端地突然就倒了呢？人们很快地发现，原来这棵巨大的树木，已经被白蚁给蛀空了，促使这庞然大物倒下的，竟然只是随手可置之死地的小小白蚁，大家一时之间都觉得有点不可思议。 生活中未被处理的问题与压力，就像白蚁一样，看似没有威胁性，长久的啃噬，却足以摧毁一个人的身心健康。

因此，父母要能及时教导孩子解决自己的问题，然后适时放手，给孩子练习解决问题的机会，这样，孩子才能从小学会面对问题，并拥有解决问题的自信。

郭盈欣就是一个很好的例子，她的小学六年，都是在美国和加拿大的学校度过的，回到国内上初中，需要适应的地方很多，除了整个全新的教育环境、体制以及生活方式之外，更大的挑战还在于国内的学习压力。就在这个时候，盈欣接受了卡内基培训，她更有自信地改变自己的态度，来积极适应改变。在学校里，盈欣曾经与同学发生过冲突，也受到过不公平的对待，盈欣都能坚强面对，父母曾经提议转学，但是盈欣相信自己可以克服这个适应的问题。通过她的努力，果然，同学们渐渐接受了她，一位曾经与她有过冲突的同学，现在还成了她的好朋友，家中同学聚会都会叫上盈欣。很显然，盈欣通过坚持及她在人际关系方面的努力，克服了各种压力，通过了这个考验，适应了全新的环境。这个成功的经验，将成为她未来面对问题与困难时最好的心理能量。盈欣的父母也表现得很有分寸，他们基本上能明白，盈欣需要自己去面对这个挑战，没有去代她解决问题。父母只是提出是否需要转学的选择，但并未代替盈欣作决定。当父母能分清楚什么是孩子本身需面对的问题，就已经掌握了教育及指导的关键。理想的爱，是让子女能勇敢地离开父母自行独立，而非依赖父母替自己作一切决定，出了问题再来怪罪父母。虽然父母一阵子难免觉得若有所失，觉得孩子似乎不再需要自己了。但不要着急！当孩子成人后，他们又会乐意再回到父母的身边，享受另一层次的成年亲子之乐。

通常，人们会羡慕有些人运气似乎总是特别好，倒霉的事很少发生在他们身上。其实，人们没有看到的是，所谓运气好的人，多半对困难持有较为积极的态度，正面迎向它，并主动设法解决它，避免困难变大成为真正的压力来源。因此，看来似乎没有碰过什么问题。

与之相反的另一类人，则总是抱怨自己运气不好，好像什么倒霉的事都会发生在自己身上，通常遇到问题时，他们很自然地怨天尤人、怪东怪西，就是不肯直接面对问题，设法寻找方法或资源，解决问题或起码降低压力。这种习惯常让问题有机会变大。

能对自己人生负责的人，就像冲浪者一样。冲浪者往往划着冲浪板，努力向外海划去，等待合适的浪头，当浪头来临时，立刻站上冲浪板开始乘浪御风而行。就像自我负责的人，能积极迎向挑战，主动解决问题，旁人看来顺利滑过了惊涛骇浪，只是运气好罢了。其实那都是不断练习的结果。一般人则通常对海浪一无所知，当海浪冲过来时，只能被浪头击倒，或被席卷而去。正如人们通常不了解压力的来源，无法正面面对挑战与问题，只有等着被席卷的命运，然后怪罪自己时运不济。

不管父母如何愿意负起保护孩子的责任来，孩子终究必须面对自己的人生，解决自己的问题与挑战，为自己负责，这都是父母无法越俎代庖的事。因此，能越早成为帮助孩子独立思考、拥有解决问题的能力，孩子就越能为自己的人生负责，适应各种社会变化，成为能够驾驭困难之浪的人，而非成为只能被困难击倒的人。

刘雨森数学成绩向来不理想，自己也怀疑有没有能力提高数学成绩，另一件看来不太相关的事，是雨森与同学在学校的交流也不主动。暑假父母送他接受卡内基训练，他的自信提高了，新学期进入高一，他一改常态，在新环境内采取主动与同学认识交流，也能更自在地表达自己的想法与观点。他的学校营造全英文的学习环境，对于雨森来说，本来应该是一个很大的挑战，但是，他却能很有自信地不被困难吓倒，而是将注意力集中在想办法解决问题上，找到中文教材来对照参考，加速初期的适应第二语文的时间，果然很快取得了傲人的成绩。用雨森自己的话来说，"我现在90%的注意力是放在解决问题上的，而不像以前，把注意力集中在问题本身上"。在这个事例中，可以看出来，自信的基础影响了一个人面对困难的态度。因此，我们在第一、二章中，特别强调自信的重要性。

只有畅通互信的亲子沟通，才能真正了解孩子所面对的困难，然后才能有效协助孩子面对问题，辅导他们设法解决问题，父母的陪伴及信任很重要，否则，很可能想要越俎代庖，或不信任孩子能处理而率先跳进去处理，剥夺了孩子学习的机会。

以下是一篇来自青少年毕业学员蔡智怡的分享，很能说明当面对问题时，能自我开导的重要性：

因为我是个女孩，所以感情也比较细腻，常能捕捉到旁人很细微的动作，并且自己作出解读。我们是南方人，家里人一直有重男轻女的观念。我常感觉，自己得到的关爱比弟弟少，有时候抱怨，有时候只是自己偷偷地掉泪。

妈妈总会放手，让我自己去做一些事，比如让我一个人搭车出门，即使所有人都夸赞我的独立，让妈妈省心，可是我的内心深处，却刚好需要妈妈更多的关怀，似乎她如果不放心我单独出门，就像比较关心我似的。

卡内基的最后一讲可以邀请来宾，班上同学都有家长出席，可是妈妈说前一天过于劳累，无法出席。我心里很失望，毕业短讲我谈的就是这个主题，以前的我会因为这种假想，而弄得自己很难过，但是我学到了要为自己负责，没想到这个短讲得到全班同学的欣赏，把选票投给了我这个"独立自主"的女孩，我因此得到了整个培训过程中唯一的一个最高成就奖，而且老师说这是一个非常重要的奖项。

我觉得自己看开了许多，我和弟弟都是父母生养的，没有理由她会不在乎我，母亲永远是最爱你的人，只不过爱的方式有所不同罢了！

　　如果不是那堂课，估计"妈妈不爱我"的错误想法会一直困扰我吧！感谢卡内基带给我的一切！

　　看得出来，对智怡来说，这是一个困扰许久的问题，相信也会带给她与母亲互动的压力，可是，受训的获益竟然是能够成熟地直面问题，并控制自己的态度与思考的方向，自己解决了这个心结，真让人以她为傲！

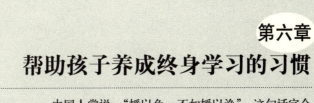

第六章
帮助孩子养成终身学习的习惯

中国人常说："授以鱼，不如授以渔"，这句话完全说明了，现代父母对孩子的引导方向。

✲ 创造有利学习的家庭氛围

> 我们要培养的是未来之子，只有设法打破其思想的限制，才能刺激创新。

　　曾经有一项研究指出：快乐学习的效果，比压力下学习要高出1.76倍。但是，看看我们的孩子课业如此繁重，实在谈不上能够快乐地学习。再加上学校班级人数众多，每一位老师面对众多学生，必须维持基本的秩序才能上课。所以，这个提供良好学习氛围的责任，还是由父母来努力比较合理。

　　著名的企管顾问专家大前研一，向来关心教育问题，不久前出版的《低智商社会》虽然是针对日本教育问题，但是也有其普世性。他认为未来的社会，是一个没有标准答案的世界，没有思考能力的人，恐怕不易生存。反观我们大部分的学校教育，仍旧是以填鸭、背记、考试为主，考试当然需要有标准答案，因此，学生学习无不以考上好学校为目的，以追求标准答案为结果，自然也就顾不上刺激独立思考的这个目的了。

这个责任目前恐怕只能由父母来承担了，亲子之间对于问题的沟通，应该通过数不清的平等对话、讨论以及无数次的尝试错误之后，才能一起"找到答案"。这个互动模式，不但有利学习，更有利于亲子互动。

正如第三章第二节所提到的"以问问题取代直接的要求"，其中提问的能力，就是父母创造学习的重要能力。父母过去所受的教育，早已习惯向子女提供解答，而非提出问题，因此，这种改变，对于现代父母来说是个新功课。首先，必须先改变的是"心态"，由于未来世界需要的是有创意的人，因此，我们对孩子的教育必须加强他的思考力，而非仅只记忆力。

因此，父母不能再以**"答案提供者"**自居，而要以**"问题提供者"**自居。

其实，孩子天生的好奇心，让他们本身就是很好的提问者，父母一定都有被孩子不断追问为什么，以致最后投降的经验。面对孩子从小的提问，父母要能咬紧牙根，即使知道答案，也最好不要先揭露，而是运用提问帮助孩子思考，或陪同他一起收集资料、分析状况、寻找答案。这样做，孩子学习到的，就不仅只是个标准答案，而是解决问题的过程与能力。

中国人常说："**授以鱼，不如授以渔**"，这句话完全说明了，现代父母对孩子的引导方向。

最不适合促进学习的家庭气氛，莫过于"一言堂"了，权威的教育方式，使得父母高坐神坛不容挑战，这在农业时代是非常可行的，因为经过岁月的累积，长辈的智慧确实非常宝贵。可是，现代社会日新月异，父母真不敢说自己能无所不知，许多新科技指不定还得让孩子来教你使用呢！因此，父母为了维护自己的权威，不容许孩子提出不同想法与看法，也就关闭了亲子共同学习的大门，同时关闭了亲子更多互动的机会。

在创造开放包容的家庭学习氛围时，从事某些职业的父母常常需要更加留意。例如，很多担任教师或企业领导人的父母，在这方面可能反而比较具挑战性。因为，他们很容易把在工作上养成的沟通习惯，延伸到家庭中来。老师或主管回到家中，还是照样上演在学校或公司的管理众人的戏码，会给孩子带来很大的压力。尤其孩子在校面对老师，回家还是面对老师，那么，爸爸妈妈到底哪里去了？许多身为领导惯于发号施令的父母，对孩子也习惯用"我说了算"的沟通方式。如果自己不是有很强的自觉意识，提醒自己回到家应该进入亲子角色，就不可能创造有利学习的开放氛围。

有人开玩笑说，担任主管数十年的男人退休后，再无公文可批，十分失落，只好让太太把买菜购物单拿来批示，难怪日本女人会称这种退休男人为"巨大垃圾"。这样缺乏角色转换弹性的父母，很难在家中建立开放的氛围。据说荷兰人有一个传统，在外工作结束后回到家，一定要把皮鞋脱下来放在门外面，就是为了提醒自己家庭以外的事情，应该留在家门外面，不要带回家内角色混淆殃及无辜。当我们回到家中，就是进入了另一种身份，这个责任虽然也需要很多能力与技巧，但是更是以"爱"为出发点，是孩子成长的安乐窝。

苹果公司创始人乔布斯，曾就读美国里德学院，他的奇思妙想总是不断遭人嘲笑，他不但没有压抑自己，反倒选择辍学。2005年，乔布斯受邀在斯坦福大学毕业典礼上，向毕业生致辞时说："不要被教条所束缚，那意味着只能被动地接受别人的思想成果。"我们要培养的是未来之子，只有设法打破其思想的限制，才能刺激创新。 这是很难求之于拥有大量学生的学校教育的，而**只有父母，有可能在家中尽量解开孩子思想的桎梏。**

所以，父母越早走下神坛，与孩子共同探索、共同成长，不但双方轻松愉快，也是为孩子提供最有利的学习环境，以弥补学校教育之不足。

❋ 学习之门只能由内往外开

从事自己热爱的、觉得有价值的工作，人们才能得到满足感与成就感，只有乐于学习的孩子，才能确认自己的志趣，找到适合自己的工作全心投入，不随波逐流。

教育心理学家弗格森(Ferguson)曾说过："学习是一扇由内往外开的门"，想象孩子的这一扇学习之门，门把手只安装在孩子的内心，外面根本就没有可以开门的把手，请问你将如何从外面打开这扇门？当然，你可以用暴力把门撞开或踹开，就此长驱直入，只不过，被强迫及蹂躏的学习心田中，真的还能生长出什么好庄稼吗？

众所周知，孩子有强烈的求知欲望，从出生就开始快速学习各种能力，会说话就会向父母提问"为什么"。曾几何时，人们却发现在校学生，大多数似乎失去了学习兴趣，整个12年的基本教育似乎只为了一个目的，就是进入重点名校，以保障未来的工作机会与生活条件。多数人从高校毕业后，很高兴终于可以丢掉课本了，再也不想拿起任何书本，对追求知识完全失去兴趣。求学，不但不能学会学习的方法，反倒彻底剥夺了学习的乐趣。其实，真正的学习早已告终，因为大家错把念书、考试当成了学习。我们以考试得高分的能力，取代了真正的学习能力。在企业界最为头疼的人才问题上，并不是现代年轻人中缺乏人才，而是他们不再有学习动机，无法举一反三，学习速度跟不上工作的变化与要求。

这个问题不只是中国有，英国教育界也在普遍探讨，为什么孩子缺乏学习兴趣，觉得课堂沉闷无趣。德国教育专家更大声呼吁，学校必须加强营造温馨的生活化、活动化课堂氛围，吸引孩子乐于学习。而这一切，都是为了帮助孩子找到"真正的学习兴趣"。孩子一年年不停地成长，可能等不及全面的教育改革，倒不如父母先开始由自己做起，设法帮助孩子自己打开学习之门，孩子才能尽早开始优质的终身学习。

我的女儿是一个能保持学习热忱的人。即使当年许多父母都让小孩从幼儿园，就开始学习写字或英语，有的家长甚至提早开始教授小一的课业。我们却觉得，小孩只要从游戏中快乐学习就可以了，因此女儿上小学时还不会写自己的名字。就因为她对小一课程一无所知，反而让她能保持兴趣，并且一路保持至今。她四年级进入小学资优班，初中全校第一名毕业，考入台北第一女中，台湾大学毕业后，申请到美国哈佛大学硕士班取得硕士学位，最后取得美国加州大学洛杉矶分校（UCLA）公共卫生博士学位。她上课时非常专心听讲，不懂就发问直到弄懂为止，很少带着疑惑回家的。除了学校功课之外，她的兴趣很广泛，从小绘画、长笛、捉昆虫、做标本，听的是伍佰（喜欢他的漂泊），看的是《红楼梦》。初高中时，她常常晚上做复习题做到半夜一两点，完全是自动自发的，我们只希望她能早点休息。

她觉得求学生涯很有意思，因为追求知识与真理，是一件很有趣的事情，足以令人废寝忘食。成绩漂亮，不过是追求知识的必然结果，成绩本身从来就不是追求的目标。 现在的她从事科学研究工作，虽然工作要求很高，可是她仍旧能够乐在其中，更认同其工作的价值。 其实我很羡慕她，我自己觉得当年学习很痛苦，大学毕业后也不想再追求更高的学历，主要是再也不想在考试的压力下读书。

能够在求学时保持对学习的渴望，是一件很幸福的事。能够在离开校园之后，继续保持学习的兴致，那人生就更为丰富了。其实，从事自己热爱的、觉得有价值的工作，人们才能得到满足感与成就感，只有乐于学习的孩子，才能确认自己的志趣，找到适合自己的工作全心投入，不随波逐流。

孩子如何才愿意打开学习之门？又为什么有的孩子在打开后，却又关上了呢？

卡内基对青少年所作的调研显示，许多孩子反映某些科目成绩特别好，是因为该科目老师很好或喜欢该老师。相反的情况也同样发生。孩子常因讨厌老师，或觉得老师讨厌自己，从而讨厌该科目，甚至放弃学习。研究幼儿教育的学者甚至发表过一篇文章，探讨的主题是"孩子无法从不喜欢的人身上学习"。这种现象其实一直延伸到我们成人世界，虽然成年人比较理性，但是想从讨厌的人身上学习，还是很困难的。

可是，学习时，模仿比抗拒要来地轻松自然得多。同样的，良好的亲子关系，使得孩子因为喜欢父母而想直接自父母身上学习。中国人不是说"龙生龙，凤生凤，老鼠的儿子会打洞"吗？如果亲子关系紧张，孩子觉得父母不喜欢自己，以至于自己也对父母心生不满。那么向父母学习，或与父母一起学习，就会成为一件很困难、很吃力的事了，他的学习之门就会慢慢关上了。

因此，在良好关系的前提下，父母可以诱导孩子打开心门，营造利于学习的家庭氛围，常常给孩子机会发问，用心聆听他的回答，顺着他的回答再做深度的探索，带动他求知的原始学习动机，渐渐地他就会体会到学习新事物的乐趣，在食髓知味的增强效果下，他的学习心门得以保持开放，才能自动自发地去探索、去学习，并因此终身受益。

卡内基亲子金科玉律第三条：

引发他人心中的渴望

第十六条：

让他觉得这个主意是他想到的

第二十五条：

用问问题取代直接的要求

❋ 功利心态是学习乐趣的杀手

> 教育制度无法说改就改，普通父母想不追求主流，就像螳臂当车。但是，父母还是可以调整自己的做法，让自己成为孩子学习的伙伴，不但孩子能够保持学习的兴趣，父母自身也能同时享受活到老，学到老的乐趣。

中国自改革开放以来，人们再次感受到创造机会及掌握机会的可行性，也因此，社会上弥漫着急功近利的风气，人人的焦躁写在脸上，科技尖子夜以继日地卖命工作，于是，我们也越来越常听到三四十岁的青壮年突然猝死，其原因多半与过劳脱不了干系。

"成功"两字已经彻底被滥用了，成功的定义似乎就是事业有成、出人头地、功成名就，再说得具体一点，就是收入丰渥、出入名车、享用名牌、身住豪宅。许多父母从小就灌输孩子这种狭隘的成功观念，甚至常常拿别人家孩子的所谓成功事例来刺激孩子。 身为拥有数千年文化的中国人，也不能否认由于专制帝制与科举制度，中国人做学问总是离不开"书中自有黄金屋，书中自有颜如玉"的现实追求。在这种传统下，加上现代社会的快速发展，使得学习成为了一件再功利不过的事情。

那么，我们会因此而觉得比上一代人过得更为幸福了吗？2010年8月所举办的首届中国国际积极心理学大会上，主办方对于超过69 000人所参与的"中国城市压力调查"的结果显示90%的人常有孤独感，47%以上表示对生活满意度不高，有约19%的人直接表示对生活不满意。探讨结果是，社会发展中所带来的多方压力，使得国人不易拥有幸福的感觉。

只有一个宝贝孩子的现代父母，你会希望你的下一代还像你一样不幸福地度过整个人生吗？

当我们拥有的物质享受远比以前多的时候，我们的心灵却远比以前要空虚了。在功利的狂潮下，父母要有智慧地带领孩子追求心灵的平安快乐，实非易事。

成功（即使是功利的）也可以与快乐地学习不冲突，许多成功人士的初衷，都不是为了名利地位，他们只是很专注地把自己喜欢、擅长的事情做到极致，名利地位也就随之而来。如果以名利地位作为追求的目标，即使达到目标，也将会很快失去幸福感，因为马上面临的是登上峰顶的高处不胜寒，达到目标后，下一步呢？许多人就在成功的时刻却感到茫然失落，再也没有追求的目标了。失去了继续奋斗的动力，很多人无法坐享成功的喜悦，反倒坠入了失落的深渊。

与许多大学生谈话后，我有一个很深刻的印象，那就是很多人只知道自己不喜欢什么、不想做什么，却迷惘于未来到底要做什么。据中国2010年6月高等教育领域权威机构麦可思发布的《2010年就业蓝皮书》所示,38%的2009年高校毕业生在工作半年内离职,其中近九成是主动离职。因为第一份工作根本就是"捡到篮里就是菜",不合志趣亦属正常。问题是辞职后,仍旧不知道想要做什么工作、过什么样的生活,这种完全的茫然才可怕。父母不愿正视孩子真正的兴趣,只是一味追逐学校成绩的排名,结果孩子的茫然不断延后发作,原以为考上高校人生从此平坦,未想到毕业时,就茫然不知道应该进入哪个行业,不满意第一份工作,辞职后还是一样茫然。因为,在其成长过程中,始终未能有机会真正解决其志趣问题,其茫然实属必然。

只有不断学习、不断改善,投入在自己真正的志趣中,才能长久得到快乐。自工作中所衍生的名利固然令人高兴,即使平凡度日,也会因为从事自己的志趣而感到满足,这绝对不是金钱所能买到的。许多体坛偶像,例如NBA的迈克尔•乔丹,即使事业达到顶峰,仍旧每天练习投篮数小时,高尔夫球名人老虎伍兹即使在比赛期间,仍旧练球,还练到练习场必须为他延长开放时间;顶尖的外科医生,一天练习以手指打结上千个,让他在缝合手术伤口时得以完美迅速;发明家爱迪生并非为了名利而做实验,在真正找到令电灯泡发光的材料之前,他用过约3 000种材料,人们认为他失败了3 000次,他却认为自己证明了其他约3 000种材料并不适合做电灯泡。这种不知疲倦的追求,才能给心灵带来真正的满足感,也才能给人带来真正的幸福感。

只有保持对世界的好奇与探索,维持学习的精神,才能让人的内心不致随着年龄同时老去。而这种探索与学习,原本就是与生俱来的。从孩子提出第一个"为什么"开始,父母的态度及引导,就决定了是鼓励,还是抹杀了孩子学习的兴趣。如果是后者，他们渐渐失去探索的兴趣，只对不需思考的游戏或活动保持热忱，在知性的追求上，父母在孩子尝试往外推开学习之门时，就不小心以粗暴的方式把它给关上了。最终，父母才发现，这扇门是无法从外面打开的。

一个人的学习意愿其实很难强迫，因此，父母一定要把握孩子先天的探索与学习欲望，设法保持并增强他学习的乐趣。如果我们再细心一点，就会发现婴儿的学习能力是最强的，一两岁之前，幼儿学会了各式各样令人惊奇的事物，举凡吃饭、走路、说话、画画等等。那时候的父母又是多么善于鼓励啊！宝宝坐起来了！宝宝会走路了！宝宝会叫妈妈了！宝宝今天画了一只小鸡，真像啊！然而，不知从何时开始，父母越来越少给予鼓励及肯定，孩子的学习变成了义务，成了一件呆板无趣的事，分数与排名不但夺走了单纯的学习快乐，还带来巨大的压力来源。

是的，教育制度无法说改就改，普通父母想不追求主流，就像螳臂当车。同时父母也怕牺牲了孩子进入社会的竞争力。但是，父母还是可以调整自己的做法，让自己成为孩子学习的伙伴，不但孩子能够保持学习的兴趣，父母自身也能同时享受活到老、学到老的乐趣。

每当暑期结束，学生返回校园，报纸上就不约而同地探讨起孩子"畏学"、"厌学"等话题，可见这些孩子不但失去了学习的兴趣，而是已经到了恐惧厌恶及逃避的地步。其中，当然不只是学习本身的压力，还有很多来自同学、老师的互动压力，这个部分，我们在人际关系的章节中探讨过。只是如果父母能在家中为孩子保留一个快乐学习的小天地，对于他们接受学校规范也将有所帮助。

时代变化过于快速，现代人无法免于终身学习，如果不能维持学习的乐趣，又如何将学习坚持终身呢？没有父母会愿意培养出"小时了了，大未必佳"的孩子，考虑到孩子长远的未来，父母亲帮助孩子保持学习的兴趣，也将成为一件不可逃避的责任。

要想在家中创造出乐在学习的环境，当然父母本身的态度与习惯是最为举足轻重的，身教永远重于言教，这是永远不变的教育真理。为了孩子，请重新点燃学习的热忱吧！作为成年人的好处是，现在你真的可以重拾过去不得不放弃的某项兴趣了，你可以与孩子一起练习乐器，而不只是逼迫他一个人去练琴。担心时间不够用吗？那么，就利用用餐时间吧！在饭桌上讨论话题，你也可以上网查找资料寻求解答，或者与孩子进行脑力激荡，请你保持开放的态度，不要坚持己见。

请记住，你的态度，决定了你的行为，而你的行为，则决定了孩子未来的幸福。

有一位卡内基青少年班的学员曾经这么描述卡内基的上课状况："平时在学校上课时的不自在、犯困，以及老师不爽的脸色全都不存在了。在卡内基教室中，学员可以轻松随意地坐着，我在课室内精神抖擞，加上热心的学长及充满激情的老师。这里的一切，让我感受到原来课堂也可以这么美好！"

这位同学说得没错，学习本来就可以十分美好。如果，你真的无法为孩子积极开创快乐的学习环境，就请你起码尽量减少功利的心态，让他能保留一点学习的乐趣吧！

帮助孩子养成总结心得的习惯 ❋

思想终究是抽象的，用语言或文字，才能将如同空气般的思想用语言凝成水滴，以文字将其固化成美丽的水晶。经历了这个过程我们心中才能更清晰，而更能以自己的进步或心得作为未来发展的基础。

20多年前，我刚开始接受卡内基讲师培训时，在教学技巧中有一项重点是"作总结"的能力。当时还怀疑这个部分到底有什么价值，不就是带完了一项活动，或全班同学做完分享后，让大家谈谈有什么收获吗？对于每一节课中宝贵的时间分配，"作总结"却要占到一个相当的分量，当时不是非常理解。作为讲师，要在3.5小时内带完所有卡内基的教学内容，是一件很紧张的事情。可是，到了"作总结"的时候，却似乎有些冷场，或者问一句答一句，有一搭没一搭的，带不出什么精彩的观点，学员好像也少有翻然领悟的反应。

当我教学更有经验后，才更深入地体会到"作总结"对于学习这件事的重要性。 我们的讲师培训师赵卜成说得好："作总结，就像是为费力吹了半天的气球，打上一个结。如果不打结，就手一松，谁都知道后果会如何。"就课室内的学习经验来说，学员们练习各种活动时，就像是讲师很努力地通过现场指导(Coaching)吹出了一个大大的气球，如果此时不立即跟上一个扎实的总结，来固化收获，使学习效果结晶，那么，对于以逸待劳的学员来说，许多原本可以得到的学习体会，将如同被松开的气球，一切烟消云散，归于虚无。

后来，我更发现"作总结"绝非只是课堂内讲师的教学技巧而已。"作总结"的能力，可以发挥在任何学习的过程中，而且，不论是在正规教育或日常的学习中，更无论对象是3岁小儿或是工作经年的白领。不会或没有"作总结"习惯的人，学习效果及速度一定不如经常作总结者。

很多人也许会质疑说，总结学习的心得，自己在心里想一想就得了，何必还要说出来甚至写下来？首先，能在心里作总结，铁定比不在心里作总结好。不过，思想终究是抽象的，通常也是难以掌握的，并且又很容易忘记。用语言或文字，才能将如同空气般的思想，用语言凝成水滴，以文字将其固化成美丽的水晶。经历了这个过程，我们心中才能更清晰，并且由于留下了记录，而更能以自己的进步或心得，作为未来发展的基础。

新年订立新希望，在思考新希望甚至新计划之前，如果能够为逝去的一年先作个总结，就会更明了自己在过去一年中所完成以及所学习到的收获，这种回顾很能增强自己对人生正向的态度及信心，更是欣赏自己成就的一个机会。当我们对自己持有较为正向积极的感觉时，再来订立新目标与新计划，就会觉得充满信心，而且新的目标奠基于过去的发展，并非随手拈来，达成的机会也就随之升高了。

其实，用不着等一年才作一次总结，生日也是一个好机会，学期结束时、寒暑假结束时也都可以，这是亲子可以共同参与、令人振奋的活动。但是，家长切忌过早提出批评或判断，或者表现出失望的神态，这些杀风景的做法，很容易就会将想说真话的孩子吓回去，以后就知道只能捡父母爱听的说，完全失去了"作总结"的目的。

父母可以用很轻松的口吻开始提问："暑假过去了，你觉得有什么值得回忆的事吗？""为什么会想到它呢？"

"整个暑假中，你觉得最有收获的是什么事？""可不可以再说得清晰一些？"

"我们全家寒假去了趟香港，你有什么想法或感觉？说来听听，这么想的原因是什么？"

父母也可以先以身作则，自己开始作个总结："我在过去的一年中，觉得最大的进步就是减少了发脾气的次数，很抱歉，我还是不能完全不发脾气，但是我真的在努力控制自己，我想大概从以前每个月平均3次，减少到平均1次左右吧！这是我的情形，那么你过去的一年中，有什么让自己觉得满意的进步呢？"

父母更可以先替孩子作个总结："我发现在这个暑假里，你的自我管理能力真的有很大的提升，现在你的作业都能按计划完成，玩电脑的时间好像很少超过一小时，真的很棒！我很高兴。你觉得自己暑假里还有什么重要的进步吗？"

请注意，总结的目的是从正向积极的角度切入，而不是秋后算账式的总检讨。只有放眼在进步及收获上，才能发展出开放安全的氛围。再说，作总结，虽然谈的都是过去已经发生的事，但是，真正的目的却是放眼未来。

许多人成年后，对于订立目标与计划完全失去了信心，因为失败的经验实在太多了，新年新希望已经变成了一个苦涩的笑话。但是在我的工作中，还是接触到很多成功人士，他们通过订立目标与计划，稳步迈向自己的成功。我发现他们对自己拥有充分的自信，可以在对过去的总结中，平和地看待自己完成与未完成的部分，将其作为订立新目标的参考。

作总结是一种思考的习惯，拥有此习惯的人，在参加各种活动、课程、会议、研讨会，甚至旅游、看电影都能作个总结。让自己加深对这件事的印象，更加深对自己的收获与体会的印象。因此，他们的学习效果，自然比起从来没有此种思考习惯的人，来得有效。否则人生很容易船过水无痕，一回首发现的是一片荒芜，没有留下任何脚印与痕迹，难道不觉得怅然吗？

青少年班学员杨九阳参加了卡内基训练后，寒假中把卡内基学习的每一讲，都作了总结，并且结合自己的学习情况，进行相应目标的设定，其中的一个目标就是，要和班主任及各科任课老师在开学后进行个别交流，增强相互了解。开学后，九阳真的按照计划，与各位老师进行交流与谈话。在与班主任交流时，班主任特别惊讶九阳的成长，他对九阳说："一个寒假不见，你怎么会变得这么开朗，说话有逻辑了呢？"老师还主动给家长打了电话，对九阳的进步给予了很好的褒奖。

开发情商与软实力永不终止 ✿

> 打开你的心，点燃对于新事物、新能力的兴趣，采取行动改变自己，才能成为孩子的最佳典范，也才能带来亲子双方真正的双赢。

国内各大名校的管理学院企业管理硕士班（MBA）课程，一直不断在因应企业的需求而作出改革，增加了许多软性技能的开发课程，而"领导力开发"又是这些软技能中最为重要的课程。这是一个重要的教育发展方向，现代父母不可不知。

前文曾经提到过心理学家认为，一般人终其一生所能够运用、展现的能力，平均仅占15%~20%，这也表示每个人都有大概80%~85%的能力是未经开发的，有如冰山一样沉没于水中。我们人人具有如此巨大的潜能，却未能有效开发，致使人生中被许多无奈无解的问题所困，实在令人扼腕。如果能保持正确的学习方法与心态，我们可能会减少很多困扰，将人生过得更为丰富与充实，避免种种遗憾。这些潜能是非常广泛的各种能力，超过我们一般对于学习的狭隘看法。例如情绪智商，就是一种一直被忽视的潜能，许多软实力也是近几年的新宠儿。我们向来以为只有知识是学习的标的，而较少认识到态度与能力也是学习的目标。

当我们想到学习时，通常想到的是新科技、新方法、新知识等硬实力，世界现在变化之快，今天所学到的，可能明天就失效或者过时了。 如果你注意有关饮食健康的知识，就会了解其推陈出新(或甚至自我矛盾)的速度。今天发布科学研究显示维生素C可以预防感冒，多多服用就能减少感冒机会或起码减轻感冒症状，过不了几天，可能又有另一篇研究报告说明维生素C对感冒症状毫无作用，令人不知所措。

情绪智商是一种重要的软实力，心理学家戈尔曼发现了这个能力对人生成功的重要性，并给它命了名。 除了有了个新名词，情绪智商本身并非外来物。我们从小就一直在运用这些软能力而不自知。情绪智商的能力，不像硬能力可能过时或被推翻，它永远在影响着人们的生活，甚至整个人生。开发情绪智商正是对巨大潜能的一种开发，正因为没有人能穷其一生得以完全地开发这些能力，因此可以说是这一个人一辈子的功课。 许多人来上卡内基训练，原本是想获取自我改善的新知识，结果发现关于开发软实力的新知识其实很少，就会感到很失望。因为接收新知识容易，但是，要把它内化成自己的态度与能力，就完全是另外一件事了。北京、天津的卡内基训练负责人赵卜成，在教授卡内基20多年后，对这个现象的体会最后浓缩为一句话："知道不等于做到，只有真做到才是真知道"。与情商相关的知识，就如同《葵花宝典》一样可看、可读、可背，但是没有正确长久的练功，是不可能练成武林高手的。

另一项可以终身学习与改善的软实力是态度，很少人意识到在学习之前，还有一个重要的步骤，那就是学习的意愿与心态。因为，前文提到，学习是一扇由内往外开的门，旁人无法强迫，尤其是成人学习，只有自己可以要求自己。这些可以加强开发的态度包括积极、正向、热忱、乐观等等。

态度，还能决定我们是否觉得快乐，能否拥有幸福感。知足乐道的人，可能比功成名就的人幸福感更强。通常，我们会认为这就是与生俱来的个性，是"江山易改，本性难移"的本性。其实，这些都是态度所带来的结果。因此，大多数人虽然都知道个性即命运，却仍旧消极地认为除了认命，没有第二个选择。

这种观点，在接受过卡内基培训的人看来，可以证明绝大多数都是错误的。更不要说，青少年由于可塑性高，无论其态度与能力两方面，都可能产生巨大的改变。即使是成人，同样也会发生许多令人振奋的变化。许多原先只会吹毛求疵的家长在课程中学到，将负面心态转换为积极正向，立刻就能发现自己的孩子优点更多了，为什么以前就会视而不见呢？原先觉得自己倒霉透顶的一位新加坡女性学员，抱怨姥姥不疼，妈妈不爱，爱人又有了情人，一个人带着孩子日子难过。可是，她在卡内基课程中提升了自信，调整了态度，相信自己有能力走过人生的低谷。自助、人助然后天助，由于态度的转变，周围的人、事、物都发生了质变，形成了良性循环。后来，远在国外工作并有外遇的先生也不再要求离婚，反倒愿意斩断孽缘回到新加坡，与她开始新生活，她的人生也由黑白转变为彩色的。

戴尔·卡内基曾经说过："热忱，是鲜为人知的成功秘诀。"热忱，就是人生态度的一种。许多人从来没有发现或认识到热忱的影响力，仍行尸走肉一般地过日子，做一天和尚撞一天钟。一旦在卡内基教室中，点燃了生活的热忱，原先毫无行动力的人，也开始采取行动，去做对自己有益但在过去却提不起劲儿的事，比如运动健身，或是开始接触心中一直向往却又不敢执行的事，比如自助旅游。

凡此种种，都证明了只要改变心态，人就能改变生活方式，仿佛打开了一扇新的窗户，看到了人生的另一道风景，于是也就提高了人生的满足感与幸福感。

学习让人保持一颗好奇探索的心，不论学什么都可以不断精进，永无终止，为人带来的乐趣，有助于保持人们的身心健康，起码在心态上能永葆青春。而对于软实力的不断追求，不但提升了自己的修为，更能造福身边的亲友。

我们当然希望自己的孩子不但能活得长久，并且能活得丰富。因此，能帮助孩子建立起终身学习的习惯，可以说是现代父母一份崭新的责任。

我们再三强调，对孩子最好的教育就是以身作则，所以，就从父母自身开始学习吧！打开你的心，点燃对于新事物、新能力的兴趣，采取行动改变自己(无论是从态度上，还是行为上)，才能成为孩子的最佳典范，也才能带来亲子双方真正的双赢。

青少年的困扰

我们从事卡内基培训工作已经超过20年，其中在大陆也已满10个年头。在这10年中，我们接触了许许多多的家长与青少年，了解到沟通与亲子关系深深地困扰着许多家庭。在提供家长与青少年的个别咨询服务中，我们更了解到大陆青少年的主要困扰。

能够真正了解他们心里到底在想些什么，什么令他困惑，什么令他欢喜，才能有针对性地辅导及培养孩子。家有青春期的孩子，即使父母有耐心提问，因为种种原因作梗，孩子未必有安全感据实回答，因此，父母常有不得军情的困扰。既然无法真正触碰孩子的内心，又怎能谈得上有效帮助他们走过困难的青春期？

这正是我们作为第三方咨询顾问可以提供协助的地方，有些孩子不想或不愿跟父母直接表达的想法，在专业的询问下，才愿意吐露出来。

多年来，我们从与青少年谈话中收集到许多他们的心声，现在整理出来以提供家长参考。让我们一起重视这些孩子的心声，并设法为孩子提出真正有效的引导。

1. 与家长沟通方面

A. 父母的唠叨

面对家长的唠叨，生活琐事什么都管，几乎没有觉得不烦的，比如：多穿件衣服，多喝水，整天听到的都是"你要干吗，你要干吗，都是为你好啊"，好像孩子还只有3岁，也让孩子觉得自己什么都不行，自信从何而来？

孩子的期望

其实孩子心中不是不理解父母的关心，但是，总希望家长能对待他像个大朋友一样就好了。适时地训练他照顾自己的起居，让他觉得自己长大了，可以照顾自己了。

B. 父母的抱怨

父母什么事都能抱怨到孩子头上，比如，"我上班这么辛苦，还不是为了你！""要不是为了你，我早就出国逍遥去了！""大热天我还要到学校去接你，我容易吗？"把自己塑造成牺牲者，听得孩子觉得自己越来越罪孽深重，不但无法激起其责任心，有主见的孩子常会产生逆反心理，故意不去体谅父母原本的用心，甚至有人说出"你为什么要生我呢？"这样的话。

孩子的期望

有些事孩子不觉得那么重要，如果要抱怨还不如不要做算了。如果不想做晚饭，那么心平气和地在外面吃个简餐，胜过一面抱怨一面端出四菜一汤。

C. 父母不了解

孩子感兴趣的事，家长常常不能或不愿理解，常常在没有弄清楚状况前，第一反应就是否定或不准。孩子既然得不到理解，多半不想再和家长谈自己的事，其中包括对事情的感受及想法，比如："同学都在看网络小说，如果自己不看，与朋友交流起来就没有共同话题，不但会被边缘化，更会担心交不上朋友。"父母对于新时代的新事物，例如网络游戏、网络小说、追星等，由于时代差异而不能接受，殊不知它们已经是孩子生活中的一部分。况且，孩子是成长生活在这个时代中，而非父母过去的时代中，因此老起冲突。

孩子的期望

父母也能花点时间了解并学习新事物，以便可以和孩子沟通讨论，并合理分析各种利弊。孩子其实很愿意接受引导，因为有时候他们自己也无力抗拒。如果父母只是一味排斥禁止，得不到孩子由衷的合作，更多的是口服心不服，并认为父母是老古董跟不上时代，根本没法跟他们讨论。

D. 父母爱攀比

把自己的孩子当成所有物般地与别人攀比，是非常打击孩子自尊心的。父母常挂在嘴边的是："你看你们班的谁，成绩就比你好，谁又比你会和老师、同学处关系，谁又比你会说话。"总是拿别人的优点来对比自己孩子的弱点。 父母的原始初衷，当然是希望刺激孩子能见贤思齐，但是结果往往是，孩子根本不爱回家跟父母谈到学校或同学的状况，以免给了父母去攀比的话题。

孩子的期望

有一位同学说的好："要真说攀比，我还想拿父母和我同学的父母比呢，他们赚钱有那谁的爸多吗？车有人家的好吗？可是一家人这样跟人攀比多没意思，我只期望父母能多欣赏我身上的优点。"孩子没有不希望父母能以自己为荣的，他们生怕自己让父母在人前抬不起头来。

E. 父母爱生气

父母在外工作的辛苦，常常因为在家乱发脾气、迁怒孩子，而在孩子心中抵消了原来体谅父母的心。 很多父母在办公室受了委屈或是工作不顺，在外不能发泄，回到家中把家人当做出气筒，动辄骂人，原来允许孩子可以做的事，忽然因为父母心情不好就不让做了，弄得孩子无所适从，感觉动辄得咎，成为孩子控制情绪的反面教材。父母情绪控制不当，孩子很少能学习妥善管理自己的情绪。

孩子的期望

如果父母心中有事，希望能够先打声招呼，否则孩子觉得无端被骂，家中气氛很差，令人想要逃避，尤其父母在孩子面前争执，最令孩子难受，并产生厌烦的情绪，敏感一点的孩子会觉得自己很没用，帮不上忙，故而产生不安全感与罪恶感。

F. 让孩子出糗

有的时候，父母会在亲友面前揭露孩子的糗事，也许大人觉得讲讲没关系，事情也不大，开开玩笑，逗大家一乐罢了！但是，孩子，尤其是青少年期的孩子，自尊心很脆弱，常常会觉得受到打击。有的父母过于谦虚，非要贬低孩子，强调他的缺点，孩子会觉得在他人面前抬不起头来，加上多半都是熟人，不是亲戚就是老友，以后免不了还得见面，让孩子很尴尬，很难为情，自信自然受到损伤。

孩子的期望

每个孩子都是父母长辈捧在手掌心里长大的，从小在家里当个宝贝，为什么在亲友面前要矮人半截？孩子很不喜欢这种聚会时的压力，很多孩子也因此排斥与父母一同出席社交场合。其实，孩子跟大人没有差别，都希望在人前能够光鲜亮丽，是个值得肯定的年轻人。

G. 父母的口气

很多家长深信不用权威，就得不到孩子的尊敬，因此，常常不是喝令，就是斥责，很少好声好气对孩子说话的。更有语言能力强的父母会用嘲讽的口气挖苦或讥讽孩子的错误或弱点，孩子听来非常不是滋味，并解读为父母对他的不满及失望。口气，常常是沟通最大的误会起因。

孩子的期望

在学校学习辛苦了一天，真希望能够回到一个让人放松的家庭气氛中，父母不耐烦或不满的口气，令孩子神经紧张，压力倍增。即使有心事也不敢自找麻烦去问父母，还不如跟同学聊聊来得轻松。父母拙劣的口气，违背孩子对家庭的期望，往往在无意间将他们往家门外面推。

2. 与老师沟通方面

A. 在课堂上回答问题，当自己的回答不是标准答案时，老师有时反问："你怎么会有这样奇怪的想法？"或当众挖苦讽刺，有的青少年甚至因此不喜欢那位老师，进而不喜欢该学科。

B. 被老师点名上台作报告，对有些孩子来说是最可怕的时候，因为面对全班，觉得所有同学的目光都在看着自己，心里非常紧张。这种面对听众的恐惧，是很多孩子上学的噩梦。

C. 有时上课时不管如何努力就是无法集中注意力，听课时不断分心想着课间可以玩什么。

D. 有的孩子比较恐惧权威，因此很怕老师，不懂的部分不敢提问，有问题更不敢跟老师交流，常使得该科目学习效果不良。

E. 有些孩子个性容易紧张，各种大小考试的前晚，无论准备得多充分，还是紧张得睡不好觉。甚至在重要的考试前可能发生腹泻、腹痛、发烧等生理症状，无法前往应试。

3. 与同学沟通方面

A. 担心无法清楚表达自己的想法，同学不喜欢跟他说话，很想能拥有风趣的吸引力，能交到好朋友，可是自己却紧张木讷拙于言辞，常常只能做沉默的旁观者，不能发挥影响力。

B. 身材外表的自卑感，例如身材不够高却很想进篮球队，或太瘦常被人取笑，任何异于常人的特征都有可能成为同学嘲笑的对象，令人很难堪，有时甚至会不想去上学。

C. 有的同学在小学成绩优异、出类拔萃，进入优秀的中学后，由于同学素质普遍提高，自己不再能像以前一样名列前茅，成为同学的崇拜对象，从而产生严重的失落感，自信一落千丈，有的甚至对学习失去兴趣。由于害怕失败，情愿不再付出努力，生怕努力后，无法面对即使努力了还不成功的难堪现实。有的甚至不肯上学，不得不休学在家。

D. 有时因为成绩优异而当上班长，但是，由于缺乏领导力，在协调同学或班委做事时极不顺利，得不到其他同学的配合。只能用老师的名义去压制，或用命令的口吻指使同学，无法赢得全班的尊重与支持，又担心同学因此疏远他，不喜欢他了，甚至不得不辞去了班长的头衔。这种挫败的经验影响孩子不再有自信地与人互动，当然以后更不敢再竞选班干部，以至丧失了培育领导力的机会。

E. 有的同学由于个性非常平和，自信不足，过于害怕冲突，总是当老好人，结果常被人利用其善良而欺负他，以致与同学关系紧张。加上家长认为他很软弱，这个标签让他更没有勇气去突破自我。

以下是卡内基训练发给青少年学员后，收集他们的回答并整理出来的资料：

4. 最愿意接受的父母的说话方式

轻松家常的口气

温柔的语气

以朋友的身份与我聊天

商量的语气

平等的态度，愿意听我说话

直接交流，当面谈话

不要疑神疑鬼，老是怀疑我犯错误

尊重我的隐私，允许我选择有时不回答

能像哥儿们一样有说有笑

5. 学校生活中最令人烦恼的

没有女朋友

不知道咋回事朋友就生我的气

很想做成功的事却失败了

课业太多了，上不完的课，写不完的作业

考试的压力

老是睡不够

感觉和班上及寝室里的同学格格不入，寂寞孤独

恋爱中的争吵及朋友间的不合

花父母的钱花得内疚

6. 最希望与父母的关系发生改变的

希望尊重我选择走我想走的路，而非因循旧观念

不要对我管束太严

多和我交流，多认识我们新一代的流行

不要每天老问我在做什么

不要老把我当小孩看待

设法多多理解我们这一代的观念

犯了错，数落我的时间能适可而止，不要没完没了

我承认错误后，能很快原谅我，不要冷落我好多天

批评我的时候，能够直接就事论事，不要牵丝攀藤地翻出旧账

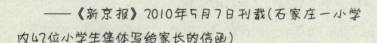
孩子的心声

——《新京报》2010年5月7日刊载(石家庄一小学内42位小学生集体写给家长的信函)

1. 请让我们把话说完您再说

2. 听听我们的意见

3. 您的有些错误得让我们纠正

4. 不要误解我们的意思

5. 不要动不动就发脾气

6. 不要天天唠叨

7. 希望能让我们做一些主

8. 在我们写作业时不要打扰

9. 不要让我们成为书呆子，给我们一点娱乐的时间

10. 要先知而后行，不要武断

11. 做事要有始有终

12. 要有耐心

13. 不要光拿我们跟别人比

14. 要积极配合学校工作

15. 不要吵架，家庭要和睦

16. 不要用粗暴的语言对我们

17. 要换位思考一下

18. 考试考不好时，我们需要更多的谅解

19. 不要说话不算数

20. 我们给您提出错误的时候，请您尽量接受

妈妈是我一生最好的朋友

赵　群

（美国哈佛大学硕士，UCLA大学公共卫生博士，现任HIV科研工作，

多篇论文发表于世界级学术刊物）

　　一直是最喜欢和家人一起的晚餐时间，从小即是如此。当然，一部分的原因，是热腾腾的饭菜。但最主要的，是因为可以将一天中发生的大小事，告诉爸妈和弟弟。什么好笑的、不开心的、光荣的与不怎么光荣的事，我全都想说给爸妈听。这可能说明了我为何小时总是瘦瘦的，光顾着说话，都快顾不得吃饭了。

　　正因如此，我和妈妈是无话不谈的母女。记得曾经做了傻事还回家报告，同学知道后用惊异的眼神看我，彷佛回家报告本身才是本次事件最傻的部分。但过了叛逆期，同学的眼神，渐渐从不可思议变成一种肯定和倾羡。原来大部分的子女都希望父母听他们说话，重视他们的想法，肯定他们的为人处事。记得有一次，我的一位好友遇到感情上的抉择，很是困扰。

我于是建议她和母亲商量，但她却说："不是每个人都能像你一样，什么事都能轻轻松松和妈妈谈。"和她妈妈谈只会让她压力更大罢了。我知道她大概是对的，但我心里也为她感到可惜。世上最值得信任的人，却不能轻松地在一起谈谈许多事。然而她的例子，似乎并不少见。

我想，是我的母亲比较特别。

其实妈妈的童年，几乎与我快乐的童年相反。由于祖父母管教甚严，期许甚高，他们给独生女的压力着实不小。但是母亲决定跳脱自己熟悉的那一套为人父母之道，实践自己相信的信念，她决定让她的孩子成为快乐自信的人，并且和孩子成为朋友。她完全做到了。

妈妈是我这辈子最好的朋友。我感觉自己非常幸运。

即使母女两人目前住在不同的国家，妈妈仍是我想分享事情的第一对象。

随着年纪的增长，我更加体验到除了和父母成为一生的朋友，父母与我们的沟通方式更造就了许多一生受用的无形资产。我在此愿举两个简短的例子。

喜欢回家的孩子

我从小就非常喜欢在家，不是不爱与朋友一起的快乐，不是不爱外面的花花世界，而是爱在家的轻松自在。与爸妈相处，我可以做自己，可以有自己的嗜好，可以畅所欲言，也可以与大家一起欣赏音乐或是一部电影。喜欢回家，于是人生中有了避风港。妈妈实行不批评、不责备、不抱怨的原则，我想那是我家小孩都爱回家的关键。

自信的孩子

　　我一直是个相对较有自信的人。最近渐渐领悟到我的自信并非是我独自努力的成果，也是父母给我的礼物。父母对我一直以来的沟通方式，让我学会相信自己，并乐于分享。母亲作为一个积极的聆听者，她有极佳的幽默感和积极正向的态度。她让我觉得我说的话是那么有趣，当然我也就不畏惧上台说话或在人前表达想法。这虽是一个很小的例子，但我想那是我培养自信的关键。

　　家人所提供的支持和一份自信，让我可以在事业与人生的其他挑战中全力以赴。

　　我知道这不只是天上掉下的好运，而是母亲一直以来不断思考和实践的成果。在我也到了生儿育女的年纪，我更加尊敬妈妈的智慧与实践力，也更加感念妈妈的用心。我很高兴妈妈将她数十年做母亲以及卡内基资深讲师的经验付梓与大家分享。亲子沟通像一艘海上航行的船，这艘船需要一位智慧的舵手，引领它远离冰山风浪，航向阳光和煦的海洋。我要恭喜正在阅读这本书的你，因为你愿意坐上舵手的位置，领导你的孩子成为快乐自信的人。祝福你一家人有个很棒的旅程。

倾听拉近了我和父母的距离

赵　煜

（美国罗彻斯特大学企管硕士，现任企业财务战略规划工作）

有一次，我到纽约的一家超市购物，当我去拿推车的时候，发现我身后站着一位白头发的老奶奶也来拿推车。当时我没多想就把手上的那一台车给了她，她以赞赏的眼神看着我说："你妈妈把你教得真好。"当下我心想这不过是举手之劳的事，提到母亲对我的教养似乎太过言重了。我对她笑了笑说声谢谢就去拿另一辆推车。在购物的时候我回想和老奶奶的对话，觉得有点啼笑皆非，想想自己都三十几岁的大男人了，很多同龄的朋友也都已成了新手父母，居然还有人把我当孩子似的夸奖。但同时，我也体会到人格的形成和父母的教育实在密不可分，就算是成年人，别人还是从一个人的言行举止去看他的家教。虽然从中学我远赴温哥华读书之后，和父母在一起的时间就逐渐减少，但是他们对我的教育和影响却是深远的。

　　我的母亲陈真是一位聆听高手，每当吃晚饭的时候，姥姥、姐姐和我总是争先恐后地要和妈妈分享一天的趣事，大家都恨不得她有3双耳朵，因为她的反应让我觉得自己讲的故事比大腕级的相声演员还有趣。当我说到一些不爽快的事情时，她也能用同理心来理解我，甚至在青少年的时候，我还是很喜欢与母亲谈学校发生的点点滴滴，我的中学同学都觉得这是一件非常不可思议的事，如果他们让父母知道大家在学校干的事，后果可能会不堪设想。当然这并不代表母亲会对我溺爱。当我做错事，她会用客观的角度帮我分析和教育我。我感觉和父母的关系，因为有了聆听的这座桥梁，而缩短了彼此的距离，有时就像朋友般亲近。

　　每一个孩子都是一块黏土，而环境和家庭就像是一位捏面的手艺人，捏出来的面人儿个个都不同。我觉得自己很幸运，因为母亲，我具备了聆听的这项能力，从小我的朋友就很多，不止认识了许多人，也结交了很多感情深厚的朋友。

　　而在职场上，我和上司、同事也建立了和谐的关系，在年终绩效考核时，上司对我的评语里，也指出我的优点之一是团队合作的能力。虽然现在工作大部分的时间都在面对计算机，但讽刺的是，人际关系和沟通似乎反而变得更重要并且显现出另一种优势。

　　在此，我深深地感谢父母对我的教育，让我对现今的生活感到快乐，并对未来充满热诚。

- **卡内基训练**®成立于1912年美国纽约，目前在全球80多个国家与地区都设有分支机构，全球受训学员已超过700万人。
- 美国《财富》(Fortune) 杂志评选的世界500强企业中，超过425家公司长期运用**卡内基训练**®。
- 北京成真企业管理咨询有限公司为美国卡内基总部合法授权之代理机构，成立于2001年10月，为北京、天津及北方地区提供国际化、高质量的中英文卡内基培训课程，全力协助企业与机构，提升其人员素质以及团队竞争力。
- 在北京及华北、东北地区运用**卡内基训练**®的企业包括：

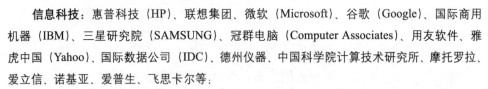

信息科技：惠普科技（HP）、联想集团、微软（Microsoft）、谷歌（Google）、国际商用机器（IBM）、三星研究院（SAMSUNG）、冠群电脑（Computer Associates）、用友软件、雅虎中国（Yahoo）、国际数据公司（IDC）、德州仪器、中国科学院计算技术研究所、摩托罗拉、爱立信、诺基亚、爱普生、飞思卡尔等；

医疗制药：诺和诺德、葛兰素史克、爱尔康、诺华制药、默克、GE医疗、瑞尔齿科等；

金融证券：中国人民银行、国家开发银行、建设银行、亚洲开发银行、东亚银行、中国农业银行、渤海证券、华融资产、嘉实基金、博时基金、建信基金、中信证券、中银国际、美国友邦保险、中保财险、信诚人寿、太平洋保险、光大永明等；

石油能源：中国海洋石油总公司、BP（碧辟）石油、渤海石油、科麦奇石油、壳牌、埃克森美孚石油、康菲石油、北石化等；

网络通信：中国移动、北京移动、中国联通、法国电信等；

快速消费：伊利、好丽友、可口可乐、顶新集团、白象集团、卡夫等；

政府机关：国务院机关事务管理局、北京市团委、国务院侨办等；

地产投资：SOHO、万科、华润、远洋、万通、众美、我爱我家、21世纪等；

制造运输：士兴钢结构、天津钢管公司、天津巴特勒、施耐德、卡特彼勒、联邦快递等；

汽车制造：宝马、大众、丰田、金杯等；

新闻出版：北京广播电台、环球时报、新京报、麦格劳希尔等；

非营利组织：世界自然基金会、小天使行动基金会等；

酒店服务：希尔顿、Frasers等；

水利电力：阿尔斯通、维斯塔斯等。

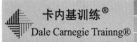
卡内基训练®
Dale Carnegie Trainng®

北京：(010) 5830-1300/01/02/03/04/05
天津：(022) 28279021/22/23
网址：www.carnegiebj.com www.dalecarnegie.com

送给孩子终身受益的礼物！

卡内基®青少年
EQ
与领导力培训
（12—17岁）

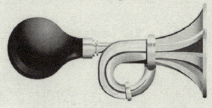

帮助孩子改善下列情况：

- 自我管理能力差学习成绩不理想
- 害羞内向不敢主动拓展人际关系
- 过于情绪化经常情绪低落发脾气
- 聪明优秀却人缘不佳遭遇排斥
- 无法当众清楚表达自己的想法
- 态度消极被动对功课提不起劲

◆ 定期开班并举办亲子讲座 ◆

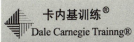
卡内基训练®
Dale Carnegie Trainng®

北京：(010) 5830-1300/01/02/03/04/05
天津：(022) 28279021/22/23
网址：www.carnegiebj.com www.dalecarnegie.com

卡内基训练®
Dale Carnegie Trainng®
课程总览

戴尔·卡内基®班
The Dale Carnegie Course®

一次完整的训练过程，可以激发工作与生活的潜能。学员能发展出更积极的态度，更自信，并能增进沟通与解决问题的技巧，达到与他人融洽合作的效果。

经理人领导班
Leadership Training for Managers

增强管理与领导能力，包括沟通、激励、合作并建立团队。鼓励学员完成以结果为导向的职位绩效表以及订立短、中、长期工作计划。

优势销售班
Sales Advantage

学习与顾客建立长久利多的关系，促使顾客重复购买以取代直接的推销，并帮助销售人员开发客源，作完善的追踪与服务，并增加成交率。

激励领导班
Leadership Advantage

为期两天，重点在于发掘自己与他人的领导特质，更能实际有效地运用于生活与工作上。此课程适合公司内部训练，用以培养团队合作，建立共识。

高效能团队班
High Performance Team

培养公司同仁团队合作的能力。学习如何订立共同目标，更有效的人际互动及合作，养成员工互相激励的习惯，并了解团队决策的方法。

震撼力陈述班
High Impact Presentations

发挥陈述与团体沟通能力的密集训练。学习如何准备异常成功的团体沟通，提升说服能力以及随机应变的能力。每位学员均个别录像，并接受第二位讲师个别辅导。

世界级顾客服务
World Class Customer Service

针对公司提升服务品质而设计的专业训练。内容包括如何处理顾客抱怨，如何评估服务品质，并了解、发展良好顾客关系的方法。

青少年班
Youth EQ Program

为青少年设计的"EQ与领导力训练"帮助年轻人建立自信，练习有效的沟通与人际关系的方法，学会对自己负责，活出青少年的开朗热忱。

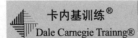
卡内基训练®
Dale Carnegie Trainng®

北京：(010) 5830—1300/01/02/03/04/05
天津：(022) 28279021/22/23
网址：www.carnegiebj.com   www.dalecarnegie.com

在卡内基的课堂上，老师自信、热情。无论你何时见到她们，都会觉得她们浑身上下充满了活力。课堂上，老师就像一个强大的辐射体，不断地向周围空气中传输"热忱"离子。在这种强大"磁场"的包围下，我全身的血液都能沸腾起来。同时，卡内基培训为我的生活注入了生命力。没上培训之前，我觉得生活很单调。每天机械地学习，全然不知努力的方向。在卡内基的培训课上，老师们让我们展望未来，诉说愿景，制定目标，此外，卡内基"克服忧虑的原则"也成为我追逐梦想过程中披荆斩棘的利器。每每我为前途忧虑时，都会为自己的忧虑"设立一个止损点"，并告诉自己"活在今日的方格中"。这样，我每天都能感到平安和快乐的力量，我的生活也因此变得充实而有意义。

王单宁　天津一中高二年级

受青春期影响，中考后高一时的我，就像一根原本紧绷但却突然被松开的弓弦，面对全新的高中生活，有种无处使力的茫然和烦躁。在高一寒假，卡内基训练让我明白：所谓烦恼，是可以用特定的方法去消除的。实践证明这里的方法是有效的，我的生活也因此变得有条理了许多。很多原本浪费在这些烦恼上的精力，现在可以投入学习了。

曹任皓　北京四中高二年级

2010年9月底，学校组织去北戴河进行帆板运动。当时水温只有11度，由于是第一次冲浪，我频频掉入海中，嘴唇冻得发紫，手也磨破了，很多同学都选择了放弃。但是我最终坚持下来，并且拿到了帆板运动的初级证书。

参加了卡内基青少年班，我懂得了如何在面对挑战时，通过正向激励，缓解紧张的情绪，增强自己的斗志，从而展示自己尽可能完美的一面，取得成功。

谢天　北京哈罗英国学校
（Harrow International School Beijing）十年级

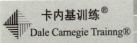

卡内基训练®
Dale Carnegie Trainng®

北京：(010) 5830-1300/01/02/03/04/05
天津：(022) 28279021/22/23
网址：www.carnegiebj.com　www.dalecarnegie.com

图书在版编目（CIP）数据

成就孩子：给孩子一个高情商/陈真，赵卜成著．—北京：中信出版社，2011.4
ISBN 978-7-5086-2704-5

I. 成…　II. ①陈…　②赵…　III. 家庭教育　IV. G78

中国版本图书馆CIP数据核字（2011）第032727号

本书仅限于中国大陆地区发行销售

成就孩子——给孩子一个高情商

CHENGJIU HAIZI——GEI HAIZI YI GE GAO QINGSHANG

著　　者：陈　真　赵卜成
策划推广：中信出版社（China CITIC Press）
出版发行：中信出版集团股份有限公司（北京市朝阳区惠新东街甲4号富盛大厦2座　邮编　100029）
　　　　　（CITIC Publishing Group）
承 印 者：北京通州皇家印刷厂

开　　本：787mm×1092mm　1/16	印　　张：16	字　　数：152千字

版　　次：2011年4月第1版　　　　　印　　次：2012年12月第3次印刷
书　　号：ISBN 978-7-5086-2704-5 / G · 674
定　　价：32.00元

版权所有·侵权必究

序　言

亲爱的青少年朋友：

这本小册子，是特别为你准备的。

如果你看到现在的我，可能很难想象，我也曾像你一样经历过青少年岁月呢！尽管年代、社会背景不同，但是，青少年岁月真的是人生中最充满活力、希望、梦想与各种机会的，然而，它也是最为尴尬、青涩、懵懂、令人为难的。青少年的喜怒哀乐，我到现在都点滴在心头。

好消息是，出生成长于现代中国的你，远比你的父辈拥有更多的资源，而你的父母也更愿意、更有能力倾全力地栽培你，帮助你顺利度过青少年期，奠定未来成功的基础。

青少年犹如巢中的幼鸟，在父母无微不至的照顾与庇护下成长，羽翼日渐丰满茁壮，常在巢边探望着新奇的大千世界，一切看来那么有趣，我们迫不及待地想要探索这个世界，危险与挑战不在顾虑之内。当一阵春风拂面而来，空气中充满了邀请的气息，内在的呼唤促使我们拍打起翅膀，几经犹豫后，勇敢地向巢外一跃，忽然就感受到了气流的律动，我们起飞了！蔚蓝的天空任我们翱翔，温暖的气流像是呵护的双手，我们感到无比兴奋。

可惜呀！世界当然不是我们想象的那般纯洁美好，总会有需要我们适应调整的地方。这也正是我们最需要学习，同时也是磨炼能力的宝贵机会。

因此，这本小册子就是希望让你了解，有许多状况都是有方法可以改善甚至转变的。其实，这些建议不仅来自我个人的经验，更重要的是，它们来自卡内基训练®，这些方法历经了将近100年，全球600多万学员运用过后证实了它们的效果。它们不是大道理，更不需要你去背记，这些有关态度与能力的综合，我们统称为"情绪智商"（EQ），是一个人在追求快乐成功的人生时不可或缺的。

每年有许多像你一样的青少年，来到卡内基教室接受"青少年EQ与领导力培训"，他们提升了自信，培养了积极热忱的态度，养成了有效沟通与人际关系的能力，更重要的是，学会如何面对困难与挑战，克服恐惧与压力，得以顺利追求自己的理想与愿景。

这样，你才真的把自己准备好，可以大展身手了！

衷心地祝福你！

父母篇

1. 父母爱唠叨

这是一件事的两面，就像铜板的两面，只要你能在听到第一次要求时，就立刻去完成应该完成的事，那么，你会惊奇地发现父母也没有那么爱唠叨。

你可能常觉得父母总是问你同样的问题，像是"穿得够不够？多穿点，天冷""考得怎么样？""快去做功课，别再玩电子游戏啦！""少看点电视吧！""吃饭了，别再讲电话了""不要忘了……""记得……"

你真怀疑他们的智商，为什么刚才说过的话，又要再重复好几遍，要不就是把你当白痴了。你觉得他们有时候简直烦死人，真希望他们不要一点小事就念个不停。

如果你能像卡内基爷爷说的"站在他人的立场了解一切"，就会发现父母唠叨，你自己也必须负点责任，比如该你洗碗，吃完饭你立刻就去洗，妈妈就不会在后面盯着你念叨不停。也就是说，只要你凡事都比父母要求的早一步完成，就没有被唠叨的机会了。

父母也曾经像你一样是个很酷的年轻人，他们从来没有想到自己会变得这么琐碎唠叨。但是为了你，他们不得不牺牲自己的率性，变成了连他们自己也不喜欢的模样。

所以，由于他们太关心你的一切，因为你是他们的宝贝，如果你不能自己负起责任来，他们也就不敢放手。

这是一件事的两面，就像铜板的两面，只要你能在听到第一次要求时，就立刻去完成应该完成的事，那么，你会惊奇地发现父母也没有那么爱唠叨。

2. 父母爱抱怨

也许你改善自己的某些行为，就能减少父母的某些抱怨，也有可能父母的抱怨与你无关。最好你有能力安慰父母的抱怨，如果你还不能，那么，请你起码不要顶嘴，引发更大的怨气。他们抱怨一阵，自然就会觉得舒服一点，而恢复可亲的本色。

　　有时候父母会把自己的劳苦算在你的账上，你听了当然不爽。终究，不是你要他们这么做的。你甚至可能会想："有人问过我想要来到这个世界吗？" 他们从来没有问过你的意见，就把你送到这个世界上来，还有什么好抱怨的！

　　不论你怎么出生的，他们就此爱上了你。你的一颦一笑，牵动他们的心，你的一切， 在他们眼中都是可爱的，更是重要的，他们希望能为你创造一个最好的世界，让你能够无忧无虑地快乐长大。

　　可惜，真正的世界无法像父母所期望的那么美好。父母付出了巨大的代价，有时候事与愿违，他们也会觉得失望。他们心疼你，却无法改变什么，他们常不经意地把自己的失望变成了抱怨。

　　你慢慢长大了，一定会发现你的父母并非完人，更非超人，他们在工作及生活中竭尽所能，衷心希望能给你一个最美好的成长条件。他们免不了会有挫折、失望以及疲累。 如果他们知道你其实承受得起，也许有一天会告诉你真相，但是，由于他们这么想要保护你，就不想增加你的心理负担。只是有时候，他们也免不了抱怨一下，来抒发他们的压力。

　　但是也不能否认，有时候他们真的是对你有所不满才去抱怨，如果你多注意一下，就会发现你可能跟朋友谈的很多， 却跟父母没什么话讲。长辈说话时，你可能觉得听起来没意思，或是听过好几遍了。卡内基爷爷常说："要想人际关系良好，应该多聆听及谈论别人感兴趣的话题。"父母总是把你的事件件放在心上，但是，父母的事呢？你有兴趣了解吗？你愿意关心父母的心情吗？

所以，如果你多想想他们的付出，多用点同理心，如果你是他们，你也会觉得他们不容易吧？

也许你改善自己的某些行为，就能减少父母的某些抱怨，也有可能父母的抱怨与你无关。最好你有能力安慰父母的抱怨，如果你还不能，那么，请你起码不要顶嘴，引发更大的怨气。他们抱怨一阵，自然就会觉得舒服一点，而恢复可亲的本色。

3. 父母不听我说话

即使你没有机会当时把话说完全，如果你觉得因此造成父母的误会，不要灰心，找个父母心平气和的时候再试试看，父母可能因此对你完全改观呢！

你是否常因为父母不让你说完话，而觉得气馁？虽然你还小，但是，不能把话说完整，就被下了定论，确实不是什么愉快的经验。也许有些人，就干脆放弃跟父母谈话，去找同学谈谈要痛快得多。

如果你这样做，你就是默默地把父母推出了你的心房，你觉得这样对他们公平吗？在父母心中，也许他们觉得你永远是个孩子，他们就是想要给你最好的保护，以父母的阅历，他们这样想也是无可厚非的，对吗？

当父母正在气头上，或是他们处于时间压力之下，他们可能觉得你应该先按照他们的安排去做。你先顺从他们，以后再找机会告诉他们你当时的想法。他们多半会很惊奇于你的懂事，从而愿意接受你的想法，甚至在以后给你更多说出自己想法的机会。

你一定听过良性循环与恶性循环，你与父母的关系，就像所有的人际关系一样，很难静止不动，它们不是朝向良性发展，就是朝向恶性发展。其实你一定不会愿意自己的亲子关系是恶性循环的。因此，你能把话说清楚，让父母真正了解你已经渐渐长大了，对于你们的关系是无比重要的。

所以，即使你没有机会当时把话说完全，如果你觉得因此造成父母的误会，不要灰心，找个父母心平气和的时候再试试看，父母可能因此对你完全改观呢！

4. 父母总把我当小孩

　　许多像你一样的青少年常希望得到父母的尊重，但是，尊重不会是天上掉下来的馅儿饼，而是必须自己努力争取来的，你必须先证明自己值得尊重，别人才会尊重你，这包括父母在内。

　　青少年是人生第一个比较尴尬的阶段，你的生理发生了巨大的变化，由于生长激素的关系，也会影响到你的心情，有时候变得比较情绪化。有时，你觉得自己是个大人了，似乎很有自信面对世事，但是，可能就在下一刻，你却对自己失去了信心，很想躲回父母的羽翼下。

　　其实，身为青少年的父母也很为难。他们也会发现，你有时候思想言论颇有见地，让他们惊喜，可是，也有的时候，又发现你做出幼稚无理的举动，令他们再次担心起来。因此，他们也不知道你什么时候会有什么作为。比较安全的方式，是仍旧把你当个孩子照顾，比较能减少危险的发生。

　　如果你能了解这一点，就可以体会父母的心情。你像个巢中的幼鸟，觉得翅膀一天比一天有力，气流在邀请你去天空翱翔，你时不时地拍打这还没有完全长好羽毛的翅膀，满心期望能快点离开巢穴。但是作为父母，却非常担心你是否准备好了，如果摔到地上怎么办？外面是个超乎你想象的弱肉强食的世界，你真的准备好了吗？

　　要想让父母把你当成成年人对待，那么，最好的方法就是证明自己是个能够自律、可以负起责任来的大人，这意味着，你不能等父母督促，就完成自己分内的事。犯了错误，能够不找借口，不推脱地承担其错误的后果，负起解决问题的责任。这就向父母宣告了你的懂事与成长，父母才能慢慢适应这个事实。

　　许多像你一样的青少年常希望得到父母的尊重，但是，尊重不会是天上掉下来的馅儿饼，而是必须自己努力争取来的，你必须先证明自己值得尊重，别人才会尊重你，这包括父母"在内。

5. 父母容易生气

　　由于你的错误造成父母气愤，你就应该认错道歉。如果你自我检讨后，发现父母的愤怒与你无关，那么，就不要有任何亏欠感。

如果你的父亲或母亲脾气比较急，容易生气，确实不是令人愉快的情况。通常脾气不好的应该只有一位，否则，家中就会常常像战场了。

父母生气时，也许会口不择言，你可以问问自己，是否确实有应该你负责的部分，非常可能真的是因为你言行的原因，点燃了他们的怒火，这时，你应该要立即承认错误并道歉。如果你自知错了，也很想道歉，却怎么都说不出口，这表示你需要设法增强自信心，也许你可以写一张字条道歉。总之，由于你的错误造成父母气愤，你就应该认错道歉。如果你自我检讨后，发现父母的愤怒与你无关，那么，就不要有任何亏欠感。我们人人都会有生气的时候，原因各不相同，只要不是因为你，就不要太担心。父母是成年人，他们会处理自己的情绪，并慢慢恢复平静。你只要别再给他们的怒火添加燃料就可以了。

平常，你可以试试看卡内基人际关系原则"衷心地让他人觉得他很重要"，常让爸爸或妈妈觉得自己在家里真的很重要，而且，找到合适的机会告诉父母他们发怒时对你的影响，父母不愿伤害你，他们也会努力设法控制自己的脾气。

最后，请你记住，父母是父母，你是你，虽然遗传与环境的影响都很巨大，但决不表示无从改变。你的情绪，是可以由你自己做主的。

6. 父母老拿我跟别人比

　　如果你真的觉得自己付出了全力，那就应该找机会告诉父母，你已经尽力了。父母期望的，其实就是你尽力了，以后不会对自己失望，父母也才能放心地说，他们也尽力了。

　　说真的，你也曾经会拿自己的父母跟别人比较过吧？有时候，你也免不了羡慕别人的父母吧？也许是别人开着更炫的车，住在更大的房子里，或是给你同学更多的零用钱，帮你同学买了 iPhone，总之，你可能也有过类似的想法。

　　因为，我们生活在一个互动极为密切的社会中，不可能不受到外界的刺激，所以，这是人之常情。

　　再说，父母把你跟其他孩子比，可不只是单纯攀比的心态。他们常以为这样做，能够激发你的上进心，希望你会产生"有为者亦若是"的志向，也就是说，别人能为什么你不能？

　　与其跟父母闹别扭，不如先问问自己是否尽力了，中国父母望子女成龙凤的心态是一个事实，你也许觉得压力太大，但是，你知道世界上华人的成就确实十分亮眼，也跟中国父母的期许心态脱不了关系。你是可以再多努力一点，对吗？如果你真的觉得自己付出了全力，那就应该找机会告诉父母，你已经尽力了。父母期望的，其实就是你尽力了，以后不会对自己失望，父母也才能放心地说，他们也尽力了。

　　你也可以采用卡内基领导力原则的第一条"凡事皆以真诚的赞赏与感谢为前提"，你可以跟父母说："谢谢爸爸妈妈对我的期许这么高，我也希望自己能够那么好，在这方面我已经尽了力，就算成绩不是很好，但是我相信自己也有其他方面是比别人出色的。"你很可能改变父母对你的看法呢！

7. 父母常吵架

　　你要对父母有信心，他们有能力处理他们自己的问题，他们都很爱你，这是不会改变的。如果你能了解他们产生误解或纷争的起因，也许能渐渐帮助某一方化解误会。

作为孩子，父母常争执吵架，不但令人心烦，甚至让人非常担心，自己会有无助的感觉。

你可以告诉自己，父母有他们自己的事情需要处理，虽然吵架算不上什么优质的沟通方式，但是无法否认，吵架仍然是一种沟通的机会，虽然过于激烈，但是远比漠然冷战要好得多了。

你可能会很难过，并担心是否因为自己不乖或什么地方做得不够好，这些都是不需要的，也帮不上他们的忙。

你要对父母有信心，他们有能力处理他们自己的问题，他们都很爱你，这是不会改变的。如果你能了解他们产生误解或纷争的起因，也许能渐渐帮助某一方化解误会。父母也像你一样，希望得到赞赏与肯定，因此，你可以代替父母一方给对方赞赏与肯定。随着你的逐渐成熟，你对父母也是有影响力的。不要小看自己的影响力，可以适时地发挥出来。

8. 父母只关注分数

　　这多半只是一种表面现象。其实，父母关心你的各个方面，绝对不是只注重分数一项。想想看，如果你生了病，父母无不尽心尽力地照顾你，关心你的恢复状况。

这多半只是一种表面现象。其实，父母关心你的各个方面，绝对不是只注重分数一项。想想看，如果你生了病，父母无不尽心尽力地照顾你，关心你的恢复状况。如果你真的心情不好，父母也会很在意想要帮你化解你的烦忧。他们平常为了你所做的付出，如果你好好注意，就会发现，他们绝对不是只关心分数。这样的指控是非常偏颇的。

如果你有这种感觉，那只是因为平常生活一切无事的情况下，他们希望你能更为专注于学习。你可能觉得好玩的事太多了，学习不是什么有意思的事。可是，如果你够幸运，就会慢慢从学习中体会到乐趣。

我想没有父母会希望因为分数而弄得亲子关系紧张，其实，他们也是不得已的。你可能还不知道在这个世界上，尤其在中国，竞争是多么激烈。他们知道！他们多么希望你未来能过上好日子，再说，你现在只需要专注一件事，那就是学习，其他的事都有父母打点，这可以说是你人生中最为轻松的一个阶段了。

还是那句话，如果你真的认真尽力地学习，你的父母也多半会接受结果的。只怕你没有尽力，父母才会越来越着急。好消息是，如果你现在能养成凡事专注尽力的好习惯，你的未来反倒更轻松，很多人会回过头来感谢父母帮他养成了良好的习惯。

　　所以，父母绝非仅只关注分数，只是分数是个可以衡量的标准，它背后代表的意义，才是一般父母所真正关注的。了解到这一点，你可能就不会误解父母对你的要求了吧？

9. 我犯了错，父母冷落我好多天

　　相信我，你心里很难受，你的父母就比你难受10倍。父母可能希望借此给你一个更为难忘的教训，以后可以不会再犯。如果你真有信心不会再犯，那么，父母就是等着你的这句话！一切就会烟消云散了。

相信我，你心里很难受，你的父母就比你难受10倍。父母可能希望借此给你一个更为难忘的教训，以后可以不会再犯。如果你真有信心不会再犯，那么，父母就是等着你的这句话！一切就会烟消云散了。有些人个性急，来得快去得也快，也有的人，失望伤心的情绪久久无法排遣，于是，好几天都没有好脸色。你长大了，就可以多一点体谅父母的压力，了解他们其实一点也不想冷落你。你大可以主动打破僵局，以卡内基"以友善的态度开始"原则的精神，先找父母说话，父母会对你刮目相看的。

师长篇

1. 回答不对时，老师语带嘲讽

一个人是否成熟，就是看他能不能体会别人内心真正的用意，而不要受限于形式。

老师是你敬佩的人，你当然希望在师长面前表现出色。可惜，有时候事与愿违，如果你的回答不对，不但得不到赞赏，反倒是嘲讽，你心里一定很难受。

嘲讽也许不是一个很好的激励工具，但是，老师的用心及出发点，你还是应该了解的。老师都是希望自己教的学生能出人头地，他可不希望看到你的失败。其实，你的成功也是他最关切的，所以，可以说，你跟你的老师是站在同一条阵线上，他不是来找你麻烦的。你越早体会到这一点，就越能利用老师这个最佳学习资源，让他帮着你学习得更快更好，这就是他想看到的结果。

所以，一个人是否成熟，就是看他能不能体会别人内心真正的用意，而不要受限于形式，因为，形式虽然不理想，你还是可以从中得到益处的。

2. 老师偏心

　　如果努力的成效在老师身上不明显，建议你放宽心，人与人的缘分，有时真的很难说。只要你尽了好学生的本分，老师也不致讨厌你，就维持一般的师生关系就行了。

　　在同学中，你会不会比较喜欢某些人，不喜欢某些人？即使是你的老师，也会有你比较喜欢跟不喜欢的吧？甚至面对父母，你可能都会有时比较喜欢妈妈，有时又比较喜欢爸爸。

　　我们确实很难对所有的人都一视同仁，虽说老师不应该偏心，但是，老师也是人，如果有点偏心，也算正常吧？

　　如果你是老师特别喜欢的学生，恭喜你，你对那一科目一定会更有兴趣，并因此表现杰出。但是，你应该提醒自己更为谦虚，更不应该仗势欺人，否则其他同学可能会因为吃醋而疏远你。

　　如果你觉得老师只喜欢别人，不喜欢你，你可以试着找机会多接近老师，主动找老师谈话，增强你在他心目中的印象，多花点心思学习该科目，不但可以表现出色，引起老师的关注，对自己的成绩也有好处，是一举两得的好事。

　　如果努力的成效在老师身上不明显，建议你放宽心，人与人的缘分，有时真的很难说。只要你尽了好学生的本分，老师也不致讨厌你，就维持一般的师生关系就行了。

朋友篇

1. 好朋友不知为何忽然不理我

　　有了更强的自信，并在沟通能力方面有所提升，才敢直接面对问题。主动解释清楚，才能消除误会。

　　本来无话不谈的好朋友好同学突然冷淡了，或态度若即若离，让人很难受。这个时候，如果不能立即妥善处理，有些朋友就因此断了交情，非常可惜。

　　上过卡内基青少年班的一位同学，由于有了更强的自信，以及在沟通能力方面的提升，就会敢于直接找到该同学，了解发生了什么自己未能掌握的事，通常都是有别人搬弄是非，或是对方产生了某些误会。主动解释清楚后，两人很快就能和好。但是，缺乏自信的人是不敢主动去面对问题的。由于担心对方当面给予难堪或拒绝，只有自己回家生闷气，甚至对家人发脾气，却无力也无法处理问题。

　　因此，一个人的自信是处理问题与压力的重要基础，其次是拥有良好的沟通能力。这是很多卡内基青少年班学员上课前后的重大收获。

2. 不敢表现自己或说出自己的想法，
怕人笑话

　　有了自信，才能恰当地表现自己，敢于分享自己的想法，表达自己的意见，不但不担心同学的笑话，即使面对权威，如师长父母，也能不卑不亢地表现自己，不失分寸。

你慢慢会发现，青少年阶段是一个人自觉意识最强的阶段，意思是，我们在青少年时期，会过分在意自己的外表，或所言所行。怕不能被同伴所接纳。

许多青少年都会困扰于自己的外表，不是嫌自己长得太高太矮，太胖太瘦，就是嫌眼睛太小，嘴唇太薄，大腿太粗，小腿太短，如果我们要跟电视电影中的名模影星相比，自然是差得很远。我们怕跟别人不一样，所以不能太高太矮，可是，也不能都一样，所以，要靠奇装异服来凸显自己。青少年期，确实是一个矛盾尴尬的阶段。

好在这个阶段总是会过去的，关键在于自信的建立。自信的第一步是接受自我，当我们能接受自己，无论是外表还是内在，我们就觉得轻松多了。真正的美丽是自信的焕发。

有了自信，才能恰当地表现自己，敢于分享自己的想法，表达自己的意见，不但不担心同学的笑话，即使面对权威，如师长父母，也能不卑不亢地表现自己，不失分寸。

有位卡内基的毕业学员就能够在师长批评他时，先坦然承认自己做得不够好的地方，再提出自己想加以说明的部分，避免老师误解，同时又请教老师以后如何处理才能更好，确实让师长及父母都喜出望外。

3. 进了初中，成绩相对落后，
自己很难接受

如果你把自己的价值只定位在学习分数的高低，就会很难接受有别人比你棒的事实。有时候，接受专业的辅导，可以帮你更快地改善状况、解决问题，用不着一个人苦钻牛角尖。

很多同学原来在小学时成绩优异，是人见人夸的好学生，觉得自己自信满满。进入初中，尤其是优秀的中学后，周围的同学都很聪明优秀，成绩就相对落后了，再也无法像在小学时那么表现优异。也有同学因为无法适应这个落差，对于全新的环境与老师同学又觉得难以融入，因此不想去上课而退学在家的。

如果你把自己的价值只定位在学习分数的高低，就会很难接受有别人比你棒的事实。其实，你在父母心目中是独一无二的，你自己当然也要认识到，世界上并没有第二个你，你拥有自己的优点，当然也少不了有缺点，但是，那是瑕不掩瑜的。虽然父母重视你的学习，但决不表示，你的排名落后父母就因此不喜欢你。你自己更不需要有这种想法。这个世界上，确实是山外有山、人外有人，你越早认识到这一点越好。到了重点学校，许多同学都是原来学校的佼佼者，竞争自然也比原来激烈。

只要你保持平常心，尽心尽力地学习，分数排名并不是唯一的成功指标，你还可以在学校里学习很多课本以外的知识与为人处世的道理。

有一位同学就是因为退学后，父母担心他成天在家越来越闭锁，送他来上卡内基青少年班。他在卡内基训练中培养了更强的自信，对自己有了较为积极全面的看法，也懂得如何尽快融入陌生环境，后来进入新的学校后，顺利地开展了初中生活。

有时候，接受专业的辅导，可以帮你更快地改善状况、解决问题，用不着一个人苦钻牛角尖。

4. 自己怕冲突，只会当老好人

　　想要说服他人，最重要的是让别人觉得照你的意思去做会很开心，或者很有收获。

你发现自己总是在将就别人，即使有不同的意见，也因为怕引起冲突，而没有表达出来。也许只是同学们一起上街，要看什么电影，吃什么午餐，你发现自己多半不敢表达意见，或是即使表达了意见，别人也不当回事，最后，你又怕得罪好同学，就只有按照别人的意思去做了。这样久了，你不免觉得自己挺窝囊的。

要想改变这种局面，你可以试试看这个方法：

想要说服他人，最重要的是让别人觉得照你的意思去做会很开心，或者很有收获。这也是卡内基领导力原则中的一条。如何让他人觉得照你的意思去做会很开心呢？你必须先了解你的同学喜欢什么，想要什么。然后，运用证据来证明你的意见可以带来令他们开心的结果。其实，你只要多用心，就会想到运用其他人的经验作为证据，说服别人去看某部电影，或去哪里玩。多多练习，你就会成为同学间的意见领袖，领导力就是这么训练出来的。